# リュウジのレシピトレード

リュウジ



左右社

# はじめに

もしかすると、僕に対して邪道なイメージを持っている人も多いかもしれません。「どうせ味の素ばかり使うんでしょ」とか「誰でも作れるズボラ飯を紹介しているんでしょ」とか。

このイメージは狙い通りでもあります。だって僕は、昔からとにかく料理を作るのが好きで、どんな人でもおいしく作れるレシピを広めたくて、料理をすることの楽しさを知ってもらいたくて、料理研究家になったから。

ただ、以前から、僕一人でやるよりもっといい方法があるなと思っていました。それは、僕と同じように料理を生業とする方々と一緒に、料理の楽しさを広めることです。そして、その願いが今回、「錚々たるゲストの方々ととっておきのレシピを交換する」という企画で叶っちゃいました。しかも、アイスムの連載から書

trade

籍化まで実現しました。

料理を生業にする方々は、僕も含めて、いろいろな意味でこだわりがある人たちばかりです。それぞれのレシピに、料理への愛、これまでの経験がぎゅっと詰まっています。

レシピを交換して一緒に料理をするだけで、他のレシピ本では登場しないような「こだわり」がたくさん見えてくるはずです。ちょっと恥ずかしいですが、僕自身も、これまでのレシピ本とは一味違う、熱い一面が出ているかもしれません（笑）。

これを読めば、料理好きの人はもっと料理好きになれるし、料理に苦手意識のある人は料理の楽しさを知ることができるはず。さあ、レシピトレード、思う存分楽しんでください！

リュウジ

recipe

この本の読み方

# レシピ・トーク・コツの3部構成！

この本は、16人の豪華なメンバーと、お互いにとっておきのレシピをトレードして作る「レシピ交換本」です。トレードすることで、レシピを作るだけではわからない、こだわりやコツが見えてきます。

構成

1

交換する料理を
紹介する

## レシピパート

お互いが交換して作りたいと思った「とっておきのレシピ」を全32品掲載。ゲストによってレシピの書き方の違いを比べてみるのも、面白いかも？

構成

# 2

料理を一緒につくる

## おしゃべりパート

一緒に料理を作っていく際のトークが読めます。会話の中には「野菜の切り方」「調味料を入れるタイミング」など、レシピには載っていないちょっとしたコツや、料理への熱い話が盛りだくさん。

構成

# 3

レシピの
ポイントをまとめた

## 要点パート

レシピパートやおしゃべりパートに登場した「意外なコツ」をまとめてご紹介。実際に作るときはここを見ておけば、簡単に料理上手になれちゃいます！

# 目次

# 目次

trade 11

料理人／作家

## 樋口直哉



trade 12

料理家／動画クリエイター

## はるあん



trade 13

「ゲスの極み乙女」など4つのバンドのベーシスト

## 休日課長



trade 14

リュウジの弟子／モテ料理研究家

## 双松桃子

※本書で表示している大さじ1は15cc、小さじ1は5cc、1つまみは1gです。
※オーブンや電子レンジ、トースターの調理時間や温度はあくまで目安です。機種や季節、環境によっても違うので、適宜調整してください。

recipe trade

1

# 素材の味を最大限に生かしたレシピトレード

スープ作家

## 有賀 薫 × リュウジ

有賀薫のレシピ
**「焦がしキャベツのスープ」**

リュウジのレシピ
**「じゃがアリゴ&大根の唐揚げ」**

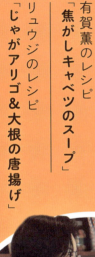

recipe trade ①

有賀 薫のレシピ

# 焦がしキャベツのスープ

**材料（2人分）**

- キャベツ…¼個
- ベーコン…40g
- 塩…小さじ1
- サラダオイル…大さじ1と½
- 水…600cc前後

※お好みでにんにく

「ちょっと焦げちゃったかな？」と思うくらいキャベツを焼くのがポイント！（有賀）

**作り方**

① キャベツは半分のくし切りにする。葉がバラバラにならないよう、つまようじを刺しておく。

② 深めのフライパンにサラダオイル大さじ1をひいて熱し、キャベツを並べて焦げ目がつくまで中火で4分ほど焼く。キャベツをひっくり返してサラダオイル大さじ½を足し、ベーコンをキャベツの脇に加え、裏面も焼く。

③ キャベツに焦げ目がついたら水と塩を加え、沸騰したら弱火にし、やわらかくなるまでフタをして15分ほど煮る。最後に味見をして、塩でととのえる。

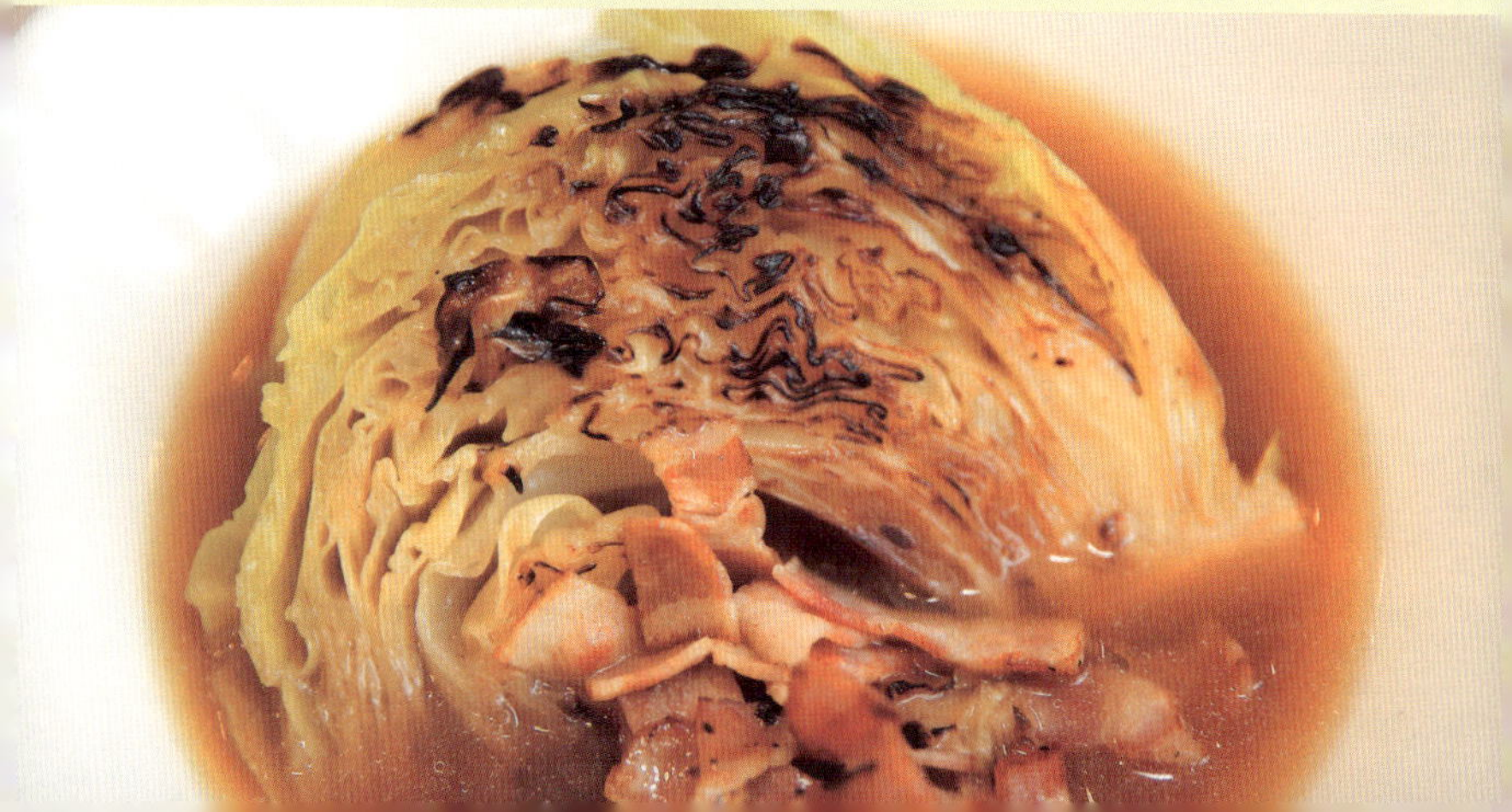

## キャベツの焦げ目は何役もこなす

**有賀** まず、キャベツをくし形に切っていきましょう。1/4をザクッと半分に。

**リュウジ** 1/8ですね（包丁でザクッ）。

**有賀** 切り終わったら葉の外側から中心に向かって、つまようじをぐっと刺しておくんです。そのままだと調理しているうちにキャベツの葉がばらけちゃうから。

**リュウジ** なるほど！ こういう料理家っぽいワンポイント僕も言いたいです。

**有賀** ふふ。油は、サラダオイルをだーっと。オリーブオイルでも大丈夫。お好みでにんにくを入れてもOKです。キャベツは、フライパンの上に置いておくだけだと焼きムラができちゃうから、フライパンの底に押し付ける。こうすると、きれいに焦げ目がつくんです。

**リュウジ** おおお、こうやって素手でキャベツを押し付けるわけですね。

**有賀** キャベツの断面にしっかり焦げ目をつけるのが、このレシピ最大のポイントなんですよ。焦げ目は、香りにも、旨味にも、スープの色にもなって、ひとりで何役もこなすんです。「けっこう焦げちゃったかな？」と思うくらい焼いても大丈夫です。

**リュウジ** 香りがいいですね！

**有賀** アブラナ科の野菜は、焦がすと独特のすごく良い香りが出るんですよね。キャベツや菜の花。あとブロッコリーも。裏返したら油を足してください。キャベツが油

を吸っちゃっているので。

## 落としぶたがなければお皿で大丈夫

**有賀**　キャベツにしっかり焦げ目がつくまで焼いたら、にんにくやベーコンと共に、やわらかくなるまでぐつぐつと煮込みます。落としぶたがなかったらお皿でいいんですよ。もしくはクッキングシートやアルミホイルとかでも大丈夫。何かしらふたをしておくのが大事なんです。水面より上に飛び出した部分のキャベツにもスープがまわってちゃんと煮えるので。

**リュウジ**　有賀さんは、素材のうまみで出汁をとってスープを作るんですよね。

**有賀**　はい。でも、コンソメを使うときもあるんですよ。野菜は日によってコンディションが違うから。冷蔵庫に数日置いていて古くなっちゃったときには、コンソメでうまみを足したほうがいいし、新鮮でおいしいときは、野菜のうまみだけでも十分だし。臨機応変な構え方がいいと思うんです。だからコンソメは常備しておいたほうがいい。リュウジくんはよくうまみ調味料を使っているよね。うまみ調味料は、ニュートラルだからいいと思っていて……

**リュウジ**　意外と個性が出せるんですよね。でも僕も、うまみ調味料を使わないでやることもあるんですよ。あるんですけど、レシピの難易度が高くなっちゃうんです。「食材からうまみをとる」というのがハードルが高いから。

僕は、ハードルをどんどんどんどん下げていこうとしていて、だから、あんまり料理が得意じゃない人でも、おいしく仕上がる方法を推しているんです。

**有賀** 特に初心者の人は、作ってみておいしくなかったら、がっかりして「もう二度とやるもんか！」と思ってしまうこともあるから、最初に作ったものがおいしいってすごく重要なことだと思いますね。

## 麦茶はスープ 奥行きのある味づくり

**リュウジ** 有賀さん、お茶でスープを作っていて、すごいなぁと思っていました。お茶って料理に使えるんだなぁと。

**有賀** お茶を使うなら麦茶がいいんですよ。麦茶はタンニンが含まれていないから渋くならない。それに麦茶自体がもうすでにスープだから。焙煎した麦から、香ばしさとうまみと色が出てきたのが麦茶。キャベツのスープと構造は一緒なんですよね。焦がして、水で煮る。同じなんです。

**リュウジ** 麦茶はスープ！ 素材をじっくり煮ると味に深みが出るんだというのを、忘れがちになるのですごく新鮮ですね。

**有賀** 素材から出たうまみだけを使って調理すると、一瞬わかりにくい味なんだけど、奥行きのある味になるんです。口に入れたときに、こちらから味を感じ取りにいくというか。あと、ごはんやおかずと合わせる場合、スープ単体でおいしい味にしすぎてしまうと、しょっぱすぎるという

のもあります。一段階か二段階くらい塩味を下げると飲みきれるような味になる。

**リュウジ** それでいうと僕は、単体でおいしく感じることを目指してレシピを作っている感じですね。だから、他のものと組み合わせて食べると、しょっぱいと感じる人もいるようです。そういう場合には、アレンジしてもらえたら良いですよね。僕はがっつりいきたいから調味料をたっぷり使うんですけど、しょっぱいと感じる人は半分に減らしてもいいし、むしろ入れなくてもいい。

**有賀** レシピそのままじゃなくても、味見しながら、自分の好みに合わせてもらえると良いですよね。リュウジくんのレシピは、食材の組み合わせ方が斬新で、取り入れられるアイデアがいっぱいあるから、味付けだけで合わないってなっちゃうのはもったいないですね。

## これさえあれば ご馳走になるスープ

**リュウジ** このスープは……非常にシズル感がありますね。こんなに色がでるんだ！

**有賀** これでもう、なんの出汁ですか、フオンドボウですか?って……

**リュウジ** うまい！　この一皿でメインディッシュですよ。すごくシンプルなのに奥が深い。

**有賀** ロールキャベツはちょっと手間がかかるけど、これだったら、ザクザクッて切るだけだから簡単に作れますよね。

recipe trade ①

リュウジのレシピ

## じゃがアリゴ

**材料（つくりやすい分量）**

・じゃがりこ（チーズ味）…1個
・さけるチーズ（ほぐす）…1本
・塩…すこし
・熱湯…150cc

**作り方**

① じゃがりこを耐熱容器に移し、ほぐしたさけるチーズ、熱湯を加え、ふたをして4〜5分待つ。

② 塩をふって、電子レンジで40秒加熱する。

③ 根気よく粘りが出るまで混ぜ続ける（伸びが弱くなったらレンジで40秒温めなおす）。

リュウジのレシピ

## 大根の唐揚げ

**材料（2人分）**

・大根…½本
・白だし…80cc
・片栗粉、揚げ油、塩…各適量
・水…1ℓ

**作り方**

① 大根は皮をむき3cm角に切ってフライパンに入れ、白だしと水を加えてフタをし、中火にかける。沸騰したら弱火にして1時間煮て、そのまま冷ます。

② ①の水気をきり、片栗粉を厚めにまぶす。

③ 時間をおかず、180度の揚げ油で転がしながらキツネ色になるまで揚げて油をきり、塩をふって器に盛る。

大根の唐揚げ

じゃがアリゴ

## さけるチーズの伸びる力が重要

**有賀** 「じゃがアリゴ」を作らないでその先には進めないって思っちゃった。さけるチーズを使うのがポイントですか?

**リュウジ** はい。原材料がモッツァレラ(熱を加えると糸を引くように伸びる性質がある)と一緒なんですよ。

**有賀** ふつうのモッツァレラでもできる?

**リュウジ** できます。ただ、ふつうのモッツァレラだと300~400円しちゃって手を出しにくいので……。

**有賀** レシピを作るときに、値段も気にしますか?

**リュウジ** かなり気にしますね。たとえば「じゃがアリゴ」だと、さけるチーズもじゃがりこも約100円。合計約200円ちょっとで伸びるマッシュポテトが作れるなら、やるわ!ってなるかなと。容器にじゃがりこと割いたチーズを入れたら、お湯を150ccくらい入れてちょっとふやかして、よく混ぜてください。結構つぶしちゃって大丈夫です。

**有賀** (じゃがりこをつぶしながら)じゃがいもの匂いが……!

**リュウジ** 分解されてきたら、パラパラと塩をふって、電子レンジで40秒くらい加熱します。ラップはしなくて大丈夫です。で、加熱が終わったらさらに混ぜます。混ぜることで、じゃがりことチーズが一体化していくんですよ。

**有賀** 見て!! めっちゃ伸びてる! おもしろーい!! 食べてみてもいい? (食べる) おいしい! じゃがいもだ!

**リュウジ** わりとじゃがいもの味しますよね。

**有賀** わりとじゃない。すごくじゃがいも! ポテトサラダともちょっと違いますね。ポテサラはマヨネーズ味だけど、これはチーズの味。何も言われなければ、じゃがりこだってわからないんじゃない?

**リュウジ** 夫にマッシュポテトだと言ってこれを出している人から、「すごく助かっている」と言われたことがあります(笑)。

## 点々がまっすぐついている大根は甘い

**リュウジ** つづいて、「大根の唐揚げ」を作っていきます。まずは大根を切る。

**有賀** どの部位を使うのでも大丈夫?

**リュウジ** 煮込んじゃうので、そこまで変わりません。どこでも大丈夫です。

**有賀** 大根って、よくみると点々があるじゃない。これがねじれてなくて、まっすぐなやつが甘いんですよ。土の中ですぅーって素直に伸びてるんですって。

**リュウジ** えー知らなかった!

**有賀** 味付けは、少し水煮してからする?

**リュウジ** 僕はいきなりやっていますね。

**有賀** じゃあ今日はリュウジくん方式でいきますね。白だしはけっこう入れる?

**リュウジ** けっこう入れちゃって大丈夫です! 濃いめのおすましくらい。

大根が煮えてきました。大根の煮物に片

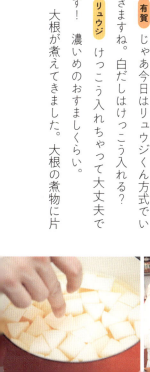

栗粉をつけたら、すぐ揚げないとおいしくないので、油を先にあたためておく必要があります。油の量、大根に被りきらないくらいでやっちゃうのでフライパンで大丈夫です。

**有賀** なるほど……。人と料理するの、めっちゃ楽しいね！

**リュウジ** 楽しいんですよ、すごい楽しい。それこそ初対面の人とでも、料理という共通項があれば、トークしながら一緒に楽しむことができる。僕、料理家さんといっぱい仲良くしたいんです。次は大根に片栗粉をつけていきます。

**有賀** 私、大根についた片栗粉をパタパタと叩いちゃったけど、大根は水分が多いから、もっと厚めに片栗粉をつけた方がよいのかも……。

**リュウジ** 僕は厚めにつけることが多いですね。

**有賀** じゃあちょっと厚めにつけてみよう。こういうところでも、料理家さんによってやり方が全然違いますね。

**リュウジ** 非常に勉強になるんですよね。ところで有賀さんはレシピを作るときに試作をしますか？

**有賀** 本で出すものは何度も試作していますね。みんなが作るためにはどうしたらよいのかを再考する。レシピを書くために、食材をものさしで測ったり。

**リュウジ** すごいなそれ！

**有賀** 1cmと1・5cmは書き分けてます。0・5と0・7と0・8も別の厚さですね。

リュウジくんはどうやって作っているの？

**リュウジ** 僕は適当に……本当に冷蔵庫のあまりでしか作らないので。でもキャベツほしいなと思ったらキャベツだけ買ってくる感じです。

**有賀** レシピにおこすときは？

**リュウジ** 食べたあとにばーーっと書き出してます。ほとんどのレシピが一発勝負。だから毎日新しいレシピができる。

**有賀** そこが天才だよね。まったく、すごい数のレシピですよ！

## おでんを揚げるというおもしろさ

**リュウジ** 片栗粉をまぶした大根を揚げていきます。

**有賀** わあ、おいしそう！ 良い色！ これは出来立てを食べたほうが良いのかしら。

**リュウジ** そうですね。でも、揚げたてじゃなくて、少し時間が経って、ぺたっとしてきちゃったやつがうまいっていう人もいます。

**有賀** おいしい！ おでんフライみたい！

**リュウジ** このレシピ、僕のレシピでいちばんはじめにバズったやつなんです。当時介護施設で働いていて、入居しているご高齢者の方に向けて作ったんですよ。

**有賀** おでんの大根あげちゃうってどういうこと？みたいな楽しさがあるよね。リュウジくんのレシピは、みんなが「やってみたい！」と思うようなレシピだと思う！

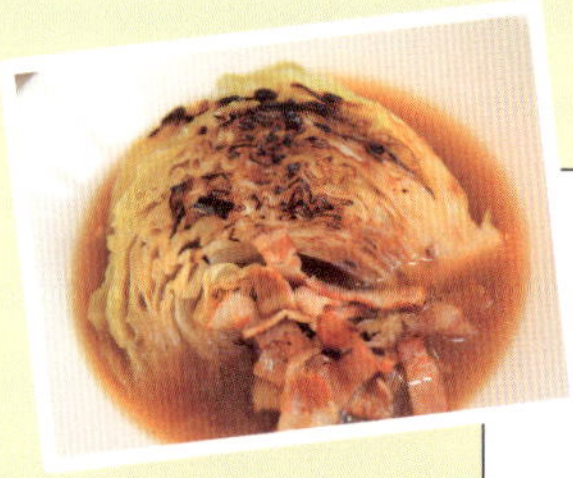

有賀 薫のレシピポイント

## 焦がしキャベツのスープ

- □ キャベツをくし形に切ったら、葉がバラけないように、**葉の外側から中心に向かってつまようじをぐっと刺しておく**。
- □ キャベツを焼くときはフライパンの底に押し付けて、**しっかり焦げ目をつける**。
- □ 煮込むときに落としぶたがなかったら、**お皿で代用**OK！
- □ ごはんやおかずと合わせる場合、**一段階か二段階くらいスープの塩味を下げる**と、飲みきれる味になる。

リュウジのレシピポイント

## じゃがアリゴ＆大根の唐揚げ

- □ じゃがアリゴ／チーズは、**さけるチーズを使う**。（原材料がモッツァレラと一緒！）
- □ じゃがアリゴ／じゃがりこをレンジで加熱したら、**よく混ぜる**。
- □ 大根の唐揚げ／白だしは濃いめのおすましくらい、**たっぷり入れてOK！**
- □ 大根の唐揚げ／大根の煮物に片栗粉をつけたらすぐ揚げるため、**油をフライパンで先にあたためておく**。

recipe trade

2

# 「簡単でおいしい」をこだわり抜いたレシピトレード

手抜き料理研究家

## はらぺこグリズリー

×

## リュウジ

はらぺこグリズリーのレシピ
「**極上の焼きおにぎり**」

リュウジのレシピ
「**至高のポテトサラダ**」

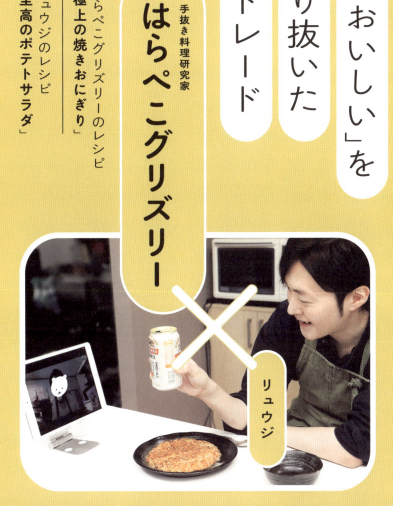

はらぺこグリズリーのレシピ

# 極上の焼きおにぎり

**材料（2人分）**

・ごはん…200g
・醤油…大さじ1と½
・みりん…小さじ1
・ごま油…小さじ1
・本だし（だしの素）…小さじ½

**【しめのだし茶漬け】**

・塩昆布、わさび…適量

**作り方**

1 —— 器にごはん、醤油、みりん、ごま油、本だしを入れて混ぜる。
2 —— ①をラップで包んで、おにぎりの形に握っていく。
3 —— フライパンに②を入れて中火〜弱火で両面こんがり焼いて完成。

**しめのだし茶漬け**

1 —— 器に焼きおにぎり、塩昆布、わさびを入れる。
2 —— 熱湯をそそいで完成。

## 「当たり前」まで伝える料理ができる人目線じゃないレシピ

**リュウジ** 僕、この焼きおにぎりのレシピをX（旧Twitter）で見たときに「やられた！」と思ったんです。うわー超バズってるなぁ、僕がやったことにならないかなと（笑）。
グリズリーさんの最初の著書『世界一美味しい煮卵の作り方』も読みました。そのときに「この人の本に僕、勝てないな」って思ったの。本当にすごい本だと思って。

**グリズリー** ありがとうございます。恐縮です。

**リュウジ** 何がすごいかって、料理できる人が作っているのに、目線が、料理できる人の目線じゃないんですよ。自分が料理好きで、料理ができると、つい「これくらいはできるだろう」って、無意識のうちに決めつけてしまうこともあるんです。
でもこの本には「これは当たり前なのでは」というところまで、ちゃんと書いてある。

**グリズリー** そのかわり僕、ひとつの本作るのに無茶苦茶時間かかるタイプで。一冊作るのに2年かかっています。「20代は何していたんですか？」と聞かれたら、「本作ってました！」みたいな……。

## 油を引かない焼きおにぎり、新形態に変身

**リュウジ** それじゃあまず、何を用意しますか!?

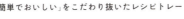

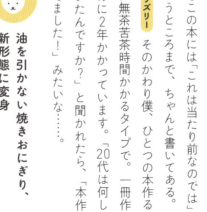

**グリズリー** ごはんを200g、お願いします。余りものでも、あったかくなくても、冷たくても大丈夫です。

**リュウジ** 僕、今日は炊きたてを用意しといたんだよね。ふだんはサトウのごはんしか使わないんだけどね。

**グリズリー** サトウのごはんおいしいですよね。ごはんを用意したら、醤油とみりん、それから、だしの素とごま油を入れます。このふたつが味付けのポイントです。

**リュウジ** ごま油！ このタイミングでごま油を入れるってあんまりないですね。

**グリズリー** その代わり、焼くときには油を引かないんです。

**リュウジ** ごま油入れたらなんでもうまくなるからね。僕もだいたいごま油入れる。（混ぜながら）いい匂い！

**グリズリー** ラップに包みながら、固めに握っちゃってください。もし崩れそうになった場合は、もう1枚上からラップをかけて、ぎゅっと握っても。さらにやるならば、形を作ったあと、少し時間をおいて形状記憶させるのもおすすめです。

**リュウジ** ……僕ね、おにぎり握るのめっちゃ下手なんだよ。

**グリズリー** もし、焼くときに崩れてしまったら、炒めてチャーハンにしちゃってもおいしいです。

**リュウジ** フライパンに油をひかない、っていうのがポイントですよね？

**グリズリー** はい。いい感じに焦げ目がつきやすくなるんです。

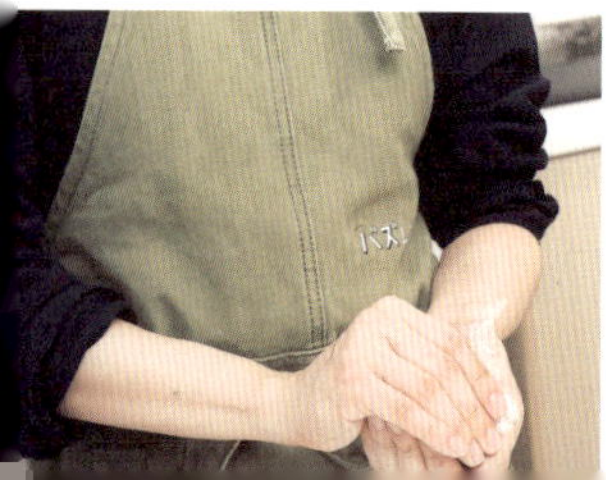

リュウジ　あーーーー崩れちゃった！（3秒くらい悩んで）……グリズリーさん、これ、あおやきアレンジしても良いですか？

グリズリー　おいしそうですね。

リュウジ　すみません！　……でもわかった。これ、米の炊き方が悪いんだ。いま一粒食べてみたんですけど硬い。ここのところ、いっつもサトウのごはんだったから、ごはんの炊き方を忘れた……。

グリズリー　めっちゃおいしそうに作っていただいてありがとうございます。

**香ばしいお茶漬け、なかなかない**

リュウジ　うあ、香りがめっちゃいい！　この、醤油の焼けた香り……！　あーーうまい！　フライパンで焼いただけなのに、めっちゃ香ばしいですね。ごま油の香りとお醤油の香りが、どっちも効いてる。米の焦げたところが、すっつごいおいしい。出汁をきかせたのもいいね。あと、締めでお茶漬けにもできるんだよね。これ、食べてみたかったんです。

グリズリー　お茶漬けにするときは、塩昆布をひとつかみ入れるとおいしいです。

リュウジ　わー。こーれーは、たまらないわ。お湯を注ぐだけなのもいいですね。

グリズリー　お茶漬けというゴールに向けて考えたレシピなので、そう言っていただけてすごくうれしいです。焼きおにぎりでもおいしくて、さらについでで、汁にしてもおいしい

っていう、「両立」のレシピにしたかったんです。

**リュウジ** うめえ!! 最高だよこれは。香ばしさのあるお茶漬けってなかなかないですからね。焼く意味があるというのがいい。

**グリズリー** ついでで作るからこそ、簡単にしたいなと思ったんですよね。

## 冷奴を作る手軽さで凝って見えるレシピを

**リュウジ** グリズリーさんはゴールを見据えてレシピを作るタイプですか?

**グリズリー** 目的にもよるんですが、絶対におさえたいのは「簡単でおいしい」という大前提です。そして、読者の人が「作って、手に取ったときにうれしいもの」を作りたいというのがすごくあります。

「冷奴を作るような手軽さ」で「手の込んだようなレシピ」が作れたらいいなあと思っています。

**リュウジ** 「役に立ちたい」っていう意識が強い感じですか?

**グリズリー** そうですね。でも僕は、僕自身が「読者の目線で作りたい」と思っていて。やりたいこととやっていることが一致しているんです。喜んでもらえることが、うれしいんです。

**リュウジ** その気持ちがレシピにも出ていますよね。ユーザー目線で考えられるというのは、才能だと思うんです。

**グリズリー** とにかく人の役に立つものを、全力で作り出しつづけたいです。

recipe trade 2

リュウジのレシピ

# 至高のポテトサラダ

黒こしょうがガッツリ効いたにんにく風味!（リュウジ）

**材料（2人分）**

・じゃがいも…2個（280gほど）
・玉ねぎ…¼個（50g）
・にんにく…2片
・水…大さじ3
・ベーコン…60g
・オリーブオイル…小さじ1
・マヨネーズ…大さじ3と½
・黒こしょう…小さじ1弱
・塩…小さじ⅓
・砂糖…小さじ1
・味の素…6振り
☆仕上げに…追い黒こしょう
★お好みで…タバスコ

**作り方**

1 にんにくと玉ねぎ、じゃがいもをカットして耐熱容器に入れ、水を入れてラップをかけ、電子レンジ（600W）で6分半加熱する。

2 ベーコンをダイス状のみじん切りにして、鍋にオリーブオイルを引き、香ばしさが出るまで弱火でじっくり炒める。

3 電子レンジで加熱し終えた野菜を人肌くらいに冷まし、スプーンなどでじゃがいもを少し崩しながら混ぜていく。混ぜ終わったら、冷蔵庫で10分くらい冷やして、ベーコンを油ごと入れる。

4 マヨネーズ、黒こしょう、塩、砂糖、味の素を加え、よく混ぜる。盛り付けたら、黒こしょうを適量振りかけて完成。

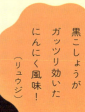

## それぞれ違う「世界一」の定義

**リュウジ**　グリズリーさんは、ひとつのレシピを作るのに、かなり試行錯誤するほうですか？

**グリズリー**　決まれば一発ということもありますが、本当においしいと思えなかったら、何度でも作ります。リュウジさんは、どうされていますか？

**リュウジ**　僕はほぼ一発なんですが、至高シリーズは何回か試作をしています。でも、実際に作る前に頭の中で味をイメージしてから作るので、だいたい3回くらいで完成します。

**グリズリー**　僕、「伝説の卵かけご飯（改）」（著書『世界一美味しい手抜きごはん』に収録）のレシピを作ったときには、1日で卵50個くらい割って……。でも、試行錯誤したからこそ、本のタイトルに「世界一」とつけられました。それができてなかったら、世界一美味しいって言えないんです。メンタルの面で。

**リュウジ**　僕は全然すぐ「世界一」って言っちゃいますね（笑）。でも、僕の場合は「僕が作って僕が食ったものを、僕が世界一うまいって言うのは当然」という目線です。

## 野菜を蒸す合間にベーコンを炒める

**リュウジ**　このポテトサラダは、ガーリックペッパー味です。むかし働いていた厨房に

置いてあった業務用のガーリックポテトサラダが好きで、当時よくつまみ食いしていたんですけど、その味の記憶を完コピしています。まずは野菜を切ります。

**グリズリー** 切り方のポイントは?

**リュウジ** ぶっちゃけね、ありません。つぶしちゃうから。でも、細かめであればあるほど、あとで混ぜるのは楽になりますね。ベーコンの切り方もお好みで。切り終わったら、耐熱容器に野菜と、水を大さじ3杯入て、電子レンジで温めてください。お水を入れることによって、仕上がりの蒸し加減がいい感じになるんです。

**グリズリー** 蒸し調理みたいな?

**リュウジ** そうです。蒸すことで食材を一体化させちゃうんですよ。食べてみるとわかるんですけど、わりとクリーミーな舌触りになる。食感が、ベーコンのごろっと感だけになるんです。6分半電子レンジで温める間にベーコンを炒めちゃいましょう。

## 人肌くらいに冷ましたら黒こしょうをガッツリと

**リュウジ** レンチンが終わったら、潰していきましょう。人肌くらいに冷ますのがポイントです。耐熱容器の縁とかにぺたぺた貼り付けながら潰すと、冷めやすくなるのでおすすめです。

**グリズリー** 水を含んでいるからすごく潰しやすいですね。

**リュウジ** じゃがいもはもう、鍋で茹でる気がしない。

**グリズリー** じゃがいもを鍋で茹でるのと、電子レンジとで比べてみたことがあるんですが、味はほとんど変わりませんでした。

**リュウジ** 潰し終わったら、冷蔵庫で10分くらい冷やしておいてください。熱いままやると、マヨネーズが分離しちゃうので。冷めたら、ベーコンを油ごと入れちゃってください！続いて黒こしょうを小さじ1くらい。けっこう入れるのがポイント。

**グリズリー** おいしそうですね。

**リュウジ** あと砂糖と塩。少し甘さがあるとおいしい。塩はお好みで大丈夫です。そして、味の素。全部混ぜて完成です！

**グリズリー** こしょうの良いにおい……。ベーコンを炒める一手間があることで、いっそううま味を引き出している感じです。

**リュウジ** ベーコン炒めると油と香りが出て、ポテトに染み込むので、そのあたりもポイントのひとつです。

## 世界征服する勢いで「料理」を広めたい

**リュウジ** 食べますか！

**グリズリー** ………うまっ!!（おいしさの衝撃で、スプーンが皿に落ちる）

**リュウジ** うぃ〜〜〜！

**グリズリー** 黒こしょうとベーコンの塩気とがよく合ってて、じゃがいもが本当にクリーミーでやわらかくて。口の中での一体感がすごいです。

**リュウジ** ちょっとマッシュっぽくなるんですよね。グリズリーさんは、料理が本当に

お好きなんですね。

**グリズリー** めちゃくちゃ好きです。小さいころからおいしいものを食べるのがすごく好きで、自分でおいしいものを作れたら、いつでもおいしいものを食べられると思って料理をするようになりました。

**リュウジ** 料理がものすごく好きな人って、簡単に作ることに抵抗があると思うんですが、葛藤があったんじゃないでしょうか。

**グリズリー** 僕もそうなんですけど。ほんとうに、その戦いですよね。目的のために、縛りプレイをしている感じです。勝手に自分ルールを作って挑戦する……みたいな。

**リュウジ** 何回もやっていると、どれだけ武器を使わずにクリアできるか、みたいな感覚になってくるんですよね。初期装備でラスボスを倒す。そう思うと、時短料理を開発するのが楽しくなる。僕は、とにかく料理を広めたいんです。まだまだ全然足りないんです。この世の中に料理ができない人がいる限りは。ほぼほぼ世界征服したいっていうのに近いですね。

**グリズリー** 僕も、まずは料理に興味を持ってほしいと思っています。難しくないところから始めて、少しずつ世の中全体の料理のスキルが向上していったら良いなと。

**リュウジ** まったく僕と一緒ですね。僕、料理を広めようとしている人はみんな仲間だと思っているんです。ライバルっていう感覚はなくて。なぜかというと、僕の目的は料理を広めることだから。

はらぺこグリズリーのレシピポイント

## 極上の焼きおにぎり

- ごはんを用意したら、他の調味料と一緒に先にごま油を入れ、**焼くときは油を引かない**。
- おにぎりを握るときに崩れそうになったら、**もう1枚上からラップをかけて、ぎゅっと握る**。さらに、形を作ったあと少し時間をおいて形状記憶させるのもおすすめ。
- お茶漬けにするときは、**塩昆布をひとつまみ**入れる。

リュウジのレシピポイント

## 至高のポテトサラダ

- 野菜をレンジで温めるとき、**耐熱容器に水(大さじ3)も一緒に入れる**と、蒸し加減がいい感じに。
- 温めた野菜を潰すときは、**人肌くらいに冷ます**。耐熱容器の縁にぺたぺた貼り付けながら潰すと、冷めやすくなる。
- 潰し終わったら、マヨネーズと分離しないように**10分ぐらい冷蔵庫で冷やす**。
- 最後に入れる**黒こしょう(小さじ1)はたっぷりめに!**

recipe trade

3

印度カリー子のレシピ
「**スパイス3つで作るチキンカレー**」

リュウジのレシピ
「**サバストロガノフ**」

# 風味が「引き立つ」vs「調和する」対照的なレシピトレード

スパイス料理研究家
**印度カリー子**
×
**リュウジ**

recipe trade ③

印度カリー子のレシピ

# スパイス3つで作るチキンカレー

材料（2人分）

・玉ねぎ…1個（200g）
・トマト…1個（200g）
・にんにく…1かけ
・しょうが…1かけ
・ターメリック、クミンパウダー、コリアンダー…各小さじ1
・ヨーグルト…100g
・鶏肉…200g（1人分100g）
・水…100cc
・塩…小さじ1
・油…大さじ1

※トマトはトマト缶200gで代用が可能
※にんにく・しょうがはチューブでもOK（3cmくらい）
※辛味が好きな人はお好みでチリペッパー（小さじ½で中辛）やブラックペッパーを加えてもOK

作り方

① 材料をカットする（野菜はみじん切り、鶏肉は一口大）。
② 油をひき、強火で玉ねぎ、にんにく、しょうがを約10分炒める（焦げ茶色になるまで）。
トマトを入れ、木べらで実をつぶしペースト状にしながら約2分炒める。
③ 弱火にして、3つのスパイスと塩を入れ、約1分炒める。
④ 中火にして、鶏肉と水を入れる。沸騰したら弱火にし、ふたをして約10分煮込む。
⑤ ヨーグルトを入れてよく混ぜる。最後に塩で味をととのえたら完成。

## おいしさの秘訣は玉ねぎの炒め方にあり

**カリー子** では、野菜をみじん切りにしていきましょう。使う野菜は、全部「1個」ずつ。大きさも切り方も細かいことは気にしなくて大丈夫です。

**リュウジ** 自由ですね。いいなぁ。

**カリー子** インドの家庭料理って、とっても自由なんですよ。切れたら、油を引いて、強火で野菜を炒めます。どんな油でも大丈夫です。量は、大さじ1が最低ラインですが、早く炒めたい人はもっと入れてもOK。

**リュウジ** ……そういえば、お肉を先に炒めないんですね。野菜が先。

**カリー子** そうなんです。スパイスカレーの仕事の8割は、玉ねぎを炒めることなんです。

**リュウジ** 8割！

**カリー子** 玉ねぎは、ひとまわりちっちゃくなるくらいまでじっくり炒めます。ちょっと飴色になってきたら、炒めながら押すのがポイント。炒めながら押すと、水分がしっかり抜けて、玉ねぎが縮まるんです。縮まった状態の玉ねぎは、カラカラになった状態のスポンジと一緒なので、あとから水分を加えたときに膨らみます。でも、炒めが浅いと、後から水分を加えたときに分離してしまいます。そうならないように、玉ねぎの水分がしっかり抜けるまで炒める必要があるんです。

**リュウジ** へえ！ ルーを使わなくても、と

ろみづけを玉ねぎがやってくれるんだ。

**カリー子** そうですね。少し焦げても良いので焦げ茶色になるまでしっかり炒めます。スパイスカレーで失敗する方の多くが、スパイスの調合比のせいだと思いがちなんですが、実は玉ねぎが原因なんです。玉ねぎをスルーしてスパイスのことを考えてしまうのは、味噌汁なら、具について考えずにかつおぶしのことばかり考えているような状態です。

## スパイスは全部同量の1：1：1

**カリー子** トマトは原型がなくなるまで炒めます。だいたい2、3分。茶色くなってくると焦げやすいので火力を下げてください。

**リュウジ** トマトの水分も飛ばしていくイメージですか？

**カリー子** トマトの水分を玉ねぎに与える感じです。玉ねぎの水分が蒸発して、きゅっと縮まった瞬間にトマトを入れると、トマトの持っている水分を玉ねぎが吸いたがるんです。玉ねぎとトマトの出会いです。玉ねぎとトマトを炒め終えた段階の色が、カレールウの色になっていたらＯＫです。

**リュウジ** 我々が普段作っているカレーとは、作り方が全く違いますね。

**カリー子** 名前が一緒なだけで、そうめんとラーメンくらい差がありますね。トマトをしっかり炒め終えたら、弱火にして、ターメリック、クミンパウダー、コリアンダーの3つのスパイスを小さじ1杯ずつ入れま

す。あと、塩も小さじ1加えます。

**リュウジ** おぼえやすい！

**カリー子** この時点でカレーは95%出来上がり。次にお肉を加えます。分量は1人100gと記載していますが、食べたい量でOK。そして、中火にして、お水を100cc入れます。かき混ぜたらふたをして、焦げないように弱火にして10分くらい煮ます。

**リュウジ** 少し時間はかかるけど、工程的にはめちゃめちゃ簡単ですね。

## 仕上げの塩はカレーの命

**カリー子** 最後にヨーグルトを入れます。牛乳でも豆乳でも生クリームでもココナッツミルクでも何でもいいんですけど……

**リュウジ** 広いですね！（笑）

**カリー子** 例えるなら、味噌汁の液体部分の味付けを牛耳っているところなんです。白味噌、赤味噌、八丁味噌、どれでもお味噌汁が作れます……みたいな。

**リュウジ** ヨーグルトはしっかり煮ますか？ 余熱であたためるのでも大丈夫？

**カリー子** 火を入れたかったらもっと入れても大丈夫ですが、ダマになる可能性もあるので、さっと煮込むのがおすすめです。かきまぜたら、塩で味をととのえて完成です。カレーの命は塩なんで！ 塩で味が決まります。目安はひとつまみくらいです。

**リュウジ** 塩で味、ぜんぜん違うよね。

**カリー子** そうなんです。味が足りないと感じるとき、スパイスが原因だと思う人も多

**リュウジ** …いんですが、塩なんです。スパイスの香りやコクは塩によって引き立てられる。

**リュウジ** ん!???　めっちゃうまい。玉ねぎのうま味がすごく出ている。あの短時間でこんなに味がでるんだね。

**カリー子** 辛みを足したかったら、ブラックペッパーかチリペッパーを足してもいいですね。

**リュウジ** おお、辛みがあるといいっすね!

**カリー子** スパイスカレーは、具材、ベース、スパイスの3要素でできていて、その組み合わせ方次第で作り方が無限大に広がるんです。具材やベースを変えてみるだけでも3年くらいは楽しめるし、スパイスもいろいろ変えてみよう……ってなると1世紀は楽しめる。

**リュウジ** 1世紀!

**カリー子** カレーを楽しむには一生涯じゃ足りないんですよ。輪廻転生してもう1回人間に生まれないと、カレーを知り尽くすのは不可能だと私は思ってます。

**リュウジ** 宇宙みたいですね。

**カリー子** そうです!　カレーは小宇宙なんですよ。だからスパイスカレーは、私から名前(本名)を奪って人生を変えてしまった。でも、これだけのポテンシャルを持っているのに、知らない人はまだまだいる。私はダイヤモンドの原石をみつけちゃったので、磨いているにすぎないんです。

recipe trade ③

リュウジのレシピ

# サバストロガノフ

カレーと見た目は似てるけど、風味の調和を感じるはず。（リュウジ）

**材料（4人分）**

・玉ねぎ…1個
・舞茸…1パック（100g）
・サバ味噌煮缶…1缶（190g）
・水…300cc
・ルウ…半分（80g）
・バター…20g
・塩こしょう…少々

**作り方**

① 玉ねぎをバターと塩こしょうで飴色に炒め、舞茸とサバ味噌缶を汁ごと入れてほぐし、さらに炒める。

② 水を入れ、沸いたらルウを入れ、溶けたら完成。

## 苦手な「香り」を料理で克服するまで

**カリー子** 私、サバが大好きなんですけど、舞茸と合わせるとどんな感じになるのか全然想像がつかなくて。ハヤシライスのルウを買ったこともないんです。

**リュウジ** 俺もハヤシライスのルウは料理研究家になってからはじめて買いました。今日はもう、カリー子さんの好きなように作ってください。まずは舞茸と玉ねぎをバターで炒めます。

**カリー子** 舞茸と玉ねぎ、一緒に炒めちゃって大丈夫ですか。

**リュウジ** レシピには、玉ねぎを飴色に炒めてから舞茸を……って書いてあるけど、一緒に炒めちゃって良いよ。カリー子ちゃんバージョンで！

**カリー子** 私、玉ねぎはふだんからしっかり炒めがちなんですけど、舞茸をこんなに炒めたのははじめてです。

**リュウジ** 俺もはじめて！ 良いにおいだね。

**カリー子** ちなみにバターで舞茸を炒めたのもはじめてです。私、実はバターの香りが苦手だったんですけど、リュウジさんのレシピにバターがたくさん出てくるじゃないですか。作っているうちに好きになりました。

**リュウジ** 俺、バター入れとけばいいと思ってるからね。

**カリー子** 私、そもそも香りが苦手なんですよ。

**リュウジ** え！スパイス好きなのに……？

**カリー子** スパイスも、昔はほぼほぼ嫌いだったんです。ターメリック、シナモン、クローブ。8割方のスパイスがダメだったんですけど、カレーにしたら気にならなかったんです。スパイスカレーのそういうミラクル感にも魅了されてます。苦手なものでも、自分で料理して過程をぜんぶ見ることで、好きになっていくのかもしれません。

**リュウジ** サバ缶は汁ごと入れちゃってください。このレシピはサバ缶の味に結構左右されます。

**カリー子** サバ、崩しますか？

**リュウジ** 俺は崩すかな。あと、ここでちょっとまろやかさを加えたいので砂糖を加えてもいいかも。今回使っているルウがトマトベースのもので少し酸味があるので。俺、市販のルウでカレーを作るときも、砂糖を少しだけ入れるんです。甘みとコクを足したくて。

**カリー子** （水を投入しルウを入れ、煮詰めながら）……あーおいしそう。パンにも合いそう。オムライスにもかけたい！

## 風味の調和でおいしさが生まれる

**カリー子** いただきまーす！ うーんおいしい！ あと、想像していたよりも甘い！語彙力を喪失しちゃっているんですけど、めっちゃおいしい。おいしい!!!

**リュウジ** おれも食べていいですか。たぶんいつも作っているやつと味が違うはず

……………。あっ、甘い！　ハウスの「完熟トマトのハヤシライスソース」（今回使ったルウ）は、甘めのトマトソースみたいになるんですね。エスビーの「とろけるハヤシ」で作るとここまで甘さはなくて、少しデミっぽくなるんです。ルウによってかなり味が変わる。発見ですね。

**カリー子**　舞茸とサバ缶が両方とも強く主張してきて、大戦争を起こしたりしないのかなと思っていたんですけど……全然そんなことなかったです。深みとコクがすごくあって。やわらかさもあって。舞茸って特徴的な香りがあると思うんですけど、うまくまとまっていると感じました。

**リュウジ**　カレーとは違うおいしさがあるよね。

---

**カリー子**　スパイスカレーはどちらかというと、スパイスの香りを立てて、主役の具材を押し出すことがメインなので、それ以外の要素を抑えながら作るところがあるんです。でも、サバストロガノフは、バターの風味、舞茸の風味、味噌の風味、全部を合わせて、その調和から深みや香りが生まれてくる料理なのかなと。見た目は似ているんだけど、かなり対照的な料理ですね。

## 急遽アレンジ！バニラアイスがけ

**カリー子**　……ところで、アイスにスパイスかけてみませんか？

**リュウジ**　使うスパイスは、粉末よりも削ったもののほうがいいの？

**カリー子** 粉末のほうが手軽なんですけど、香りを存分に楽しむのなら、削ったほうが良い感じです。コーヒーと同じで、削りたては香りますね。あと、アイスにスパイスをかけるときのポイントは、甘いアイスを使うこと。無糖だとおいしくないんです。これは八角なんですけど、バニラアイスによく合うんです。八角やシナモンは甘い香り、カルダモンはインド的な風味になりますよ。

**リュウジ** わ、すげえカルダモン！　一番香りでてるね。少しレモンをかけてもいいかもね。うま！

**カリー子** あと、フェンネルもすごく合います。フェンネルとシナモンの合わせ技は最強なんです。牛肉をはちみつと赤ワインで漬けて、そこにフェンネルとシナモンを入れてもおいしいです。

**リュウジ** へええええ！

**カリー子** フェンネルの良さに気がついたのは、使い始めて5年経ってからなんですよ。今年の4月くらいに、フェンネルを沢山使ってみる週間を自分に課して、いろいろ試しているうちにようやくわかってきたんです。まだまだスパイスについて知らないことだらけです。スパイスの世界は深すぎて。それだけしかできなくなるくらいに深い世界です。

**リュウジ** 向上心、すごいですね。

**カリー子** たぶん永遠に成長しつづけたいタイプなんだと思います。まだまだですよ。

印度カリー子のレシピポイント

## スパイス3つで作るチキンカレー

- 使う野菜は、**全部「1個」ずつ**。大きさも切り方も細かいことは気にしなくて大丈夫。
- 玉ねぎを炒めて飴色になってきたら、**炒めながら押し、水分を抜く**。
- トマトは**原型がなくなるまで**炒める。茶色くなってくると焦げやすいので火力を下げる。玉ねぎとトマトを炒め終えた段階の色が、カレールウの色になっていたらOK。
- 最後に塩ひとつまみを入れることで、味を決める。**カレーの命は塩！**

リュウジのレシピポイント

## サバストロガノフ

- このレシピは、**サバ缶の味に結構左右される**。
- サバ缶は**汁ごと**入れる。
- まろやかさを出すために**砂糖を入れる**のもアリ。

recipe trade

4

伊地知 潔のレシピ「**鶏肉飯**（ジーローハン）」

リュウジのレシピ「**至高のハンバーグ**」

# 伊地知 潔

ロックバンド「ASIAN KUNG-FU GENERATION」のドラマー／料理研究家

# 本場の味をつきつめたら、小技と意外性が見えたレシピトレード

×

リュウジ

伊地知 潔のレシピ

# 鶏肉飯（ジーローハン）

**材料（作りやすい量）**

・鶏もも肉…1枚（約300g）
・長ねぎ（青い部分も）…1/3本
・ごはん…お好みの量
・にんにく（みじん切り）…小さじ1
・しょうが（みじん切り）…小さじ1
・しょうが（スライス）…2枚
・ごま油…大さじ1と1/2
・紹興酒（料理酒でも可）…大さじ1
A 砂糖…小さじ1
　塩…ひとつまみ
　醤油…小さじ2
・塩、こしょう…各少々

**作り方**

① 長ねぎを小口切りにする。青い部分はあとで使うので取っておく。鶏もも肉は余分な脂を取り、フォーク等で皮面に数か所穴をあけて塩・こしょうをしておく。

② 耐熱皿に鶏もも肉、ねぎの青い部分、しょうがスライスをのせて紹興酒（料理酒）をふりかける。ふんわりとラップをかけて、電子レンジ（600W）で5分ほど加熱する。冷めたら鶏肉をフォークや手でほぐす。耐熱皿に残った汁はあとで使うので取っておく。

③ フライパンににんにくのみじん切り、しょうがのみじん切り、ごま油を入れて中火で1分ほど加熱し、小口切りにしたねぎを加えてよく炒める。シュワシュワと音がしてきたら弱火にし、②で耐熱皿に残った汁とAを入れてひと煮立ちさせる。

④ 器にごはんを盛り、②の鶏肉をのせて③をかけたら完成。

## 意外と知らない台湾の絶品屋台メシ

**リュウジ** 恥ずかしながら、潔さんのレシピを見るまで、鶏肉飯を知りませんでした。料理研究家なのに。

**伊地知** 台湾というと、豚肉を甘辛く煮た魯肉飯が有名だけど、現地では鶏肉飯もよく食べられているんだよね。現地で食べたものを自分流に再現したのがこのレシピです。見た目は地味だけど、あっさりしていて驚くほどおいしい。

**リュウジ** 魯肉飯とは作り方が全然違うんですね。

**伊地知** 調味料も全然ちがうよ。まず、にんにくとしょうがをみじん切りに、長ねぎを小口切りにします。

**リュウジ** ねぎはどのくらいでしょう。

**伊地知** けっこういっぱい入れて大丈夫。青い部分は、鶏肉を電子レンジで蒸すとき用に取っておく感じで。

**リュウジ** このレシピ、潔さんには珍しくレンジを使うんですね。

**伊地知** そうなんだよね。鶏肉は水分を多く含んでいるから、蒸すとやわらかくなるんだけど、レンジは「蒸す」ことにすごく向いていて。

**リュウジ** 鶏肉の味付けのベースは塩こしょう？

**伊地知** いや、紹興酒。紹興酒を入れると味がすごく変わるの。塩こしょうは、鶏の出汁を出すためにふるんだけど……表裏し

つかりふる感じで。あと、鶏肉にフォークをぷすぷすって刺して、穴を開けます。

**リュウジ** 電子レンジでやる前に、これをやっておくと火の通りがよくなりますね。

**伊地知** で、スライスしたしょうがとねぎの青い部分を添えて、紹興酒を注いで、ふんわりとラップをかけて電子レンジに入れる。5分でいいかな。

## 鶏肉をフォークでほぐす<br>アジア感

**伊地知** 鶏肉を電子レンジでチンしている間にたれを作ります。まずはにんにくとしょうがを炒めて、香りが出てきたら小口切りのねぎを入れて……。

**リュウジ** ほおお〜〜。こんな風にねぎをしっかり炒めること、あんまりないですわ。

**伊地知** じっくり火にかけると、うまみ調味料みたいな味が出るんだよね。揚げ焼きするような感じで、柴犬色になるまでしっかり焼いていきます。柴犬色はね、リュウジくん用語。

**リュウジ** 潔さんは、僕のYouTubeを結構見てくれているんです。

**伊地知** ファンなんです（笑）。

**リュウジ** 僕もファンですよ（笑）。

**伊地知** ちなみにフライパンは、もしあるなら、小さいやつを使うのがおすすめ。

**リュウジ** フライパンが大きいと、ねぎが油に浸りにくいですもんね。潔さんはこういう小技をしっかり効かせてくる。

**伊地知** やると味が全然違うんだよね。ね

ぎにしっかり焼き色がついて、シュワシュワと音がしてきたら、火を弱めて砂糖を入れます。それから電子レンジであたためていた鶏肉を取り出して、耐熱容器に残っている汁をぜんぶ入れて、調味料と合わせて弱火で少しとろみが出るまで煮詰める。

**リュウジ** 汁を！　これはうまいでしょ！

**伊地知** あとは、味をみながら少し塩を加える。それから、鶏をほぐし身にします。カニみたいに。ほぐした方が、ソースがよく絡むし食感もいいんですよね。

**リュウジ** ほぐすんですね！　ちょっと海外のフードコートっぽいですね。

**伊地知** そうそう。最初は包丁で少しスライスしたあと、フォークでぐちゃぐちゃぐちゃってやると良いと思う。

**リュウジ** この調理法いいなぁ。僕、フォークでほぐして食べるという調理法、したことないなぁ。

## 現地の味を再現したい音楽と料理の共通点

**リュウジ** あっ！　鶏やわらかっ!!!

**伊地知** 魯肉飯と比べると、かなりさっぱりしているよね。魯肉飯に飽きたときにこれを食べるっていうイメージなんです。

**リュウジ** めっちゃうまい！　工程的にはすごい簡単なのに……！　たれの材料もすごくシンプル。これは紹興酒使いたいな。

**伊地知** ね。紹興酒が効いている。

**リュウジ** 紹興酒、僕も自分のレシピで使いたいんですよね。でも「このレシピを作る

ために紹興酒を買ってください」って、なかなか言いづらくて。余ったとき、自分だったら飲んじゃうけど、お酒飲まない人もいますし。でも、こんな風に使えるなら、買っておいてもいいのかもしれない。

……それにしても、鶏肉がすげえやわらかいことにびっくりです。ぷるぷる感と身のホロホロ感が混じりあって楽しい。むしろレンジの方がいいのかなぁって。日本にはあんまりないですね。こういう料理。

**伊地知** 日本っぽくない食べ方ですよね。僕は、ツアーで各地のおいしいものに出会うと、再現したいなと思っちゃうんです。その場所でしか食べられないものも、ヒントを教えてもらいつつ作ってみたら、家でも再現できるかもしれないから。もし再現できていなかったとしても、何かしら新しいものができる。それでまた自分の料理のレベルがあがって知識も増える。

**リュウジ** 一流のアーティストでありながら料理もこんなにできるなんて、天は二物を与えましたね。

**伊地知** 音楽と料理は、頭の使い方が似てるんですよ。自分の持っている引き出しをどう使い、どう料理するか。逆にリュウジくんは音楽できると思う。

**リュウジ** えっ、ほんとですかね！　でも僕、音楽はやっていないけれども、音楽自体はすごく好きで。もしかしたら、作っている人の感覚は想像できるかもしれません。

リュウジのレシピ

# 至高のハンバーグ

**材料（作りやすい量）**

・牛豚合びき肉…300g
・玉ねぎ…½個（約100g）
・卵…1個
・バター…10g
・塩…少々
・黒こしょう…少々
・コンソメ…小さじ⅔
・パン粉…大さじ4
・粉ゼラチン…小さじ2
・サラダ油…少々
・水…大さじ3
・牛脂…2個
・（蒸し焼きの際に）水…50ccほど

**【ハンバーグソース】**
・酒（※）、醤油、みりん…各大さじ2
・味の素…2振り
・にんにく…1片

※酒はウイスキーやブランデーに変えてもOK

**作り方**

① バターを溶かしたフライパンに、みじん切りにした玉ねぎを入れて、焼き目がつくまで炒める。途中で塩（少々）をふると、早く仕上がるのでおすすめ。

② 冷蔵庫から取り出したひき肉をボウルに入れ、粗熱を取った玉ねぎ、コンソメ、パン粉、塩、黒こしょうを加える。

③ 袋に入ったままの牛脂を手で揉んでやわらかくし、細かくちぎって②に加える。さらに卵、水、粉ゼラチンを加え、手早くこねる。

④ ③のタネを2等分して、空気を抜きながら小判型に成形する。

⑤ フライパンに油をひき、④を入れて弱火で焼く。

⑥ 両面1分ずつ焼いて焦げ目をつけたら、水を加え、ふたをして4分蒸し焼きにする。

⑦ 器に盛りつけ、**【ハンバーグソース】**の材料を同じフライパンで煮詰めてかける。

## リュウジのレシピでトップ3に入る難しさ

**リュウジ** このレシピ、僕のレシピのなかでも、難易度トップ3に入ると思う。

**伊地知** ほんと！

**リュウジ** まず、玉ねぎをみじん切りしたあと一度炒めます。みじん切りはけっこう細かめに、玉ねぎを炒めるのにはバターを使います。玉ねぎだけ先に炒めてしんなりさせることで、やわらかい食感を作るんです。あ、合びき肉は出番がくるまで冷蔵庫に入れておきましょうか。基本、料理で使うお肉は常温の方が良いんですが、このハンバーグは冷たいお肉で作る方がいい。

**伊地知** バターを溶かしてから玉ねぎを入れる感じ？

**リュウジ** 溶かす前に玉ねぎを入れちゃっても大丈夫です！ あと、ここでちょっと塩を振ります。浸透圧でしなっとさせるんです。…「浸透圧」という言葉を使うくらい、本気のレシピです。

**伊地知** （笑）いいにおい。

**リュウジ** 玉ねぎの水分は飛ばしちゃいます。そうしないとタネがゆるくなっちゃうので。軽く色づいて、玉ねぎのかさが最初と比べて約4分の1くらいになったところで炒め終える感じで大丈夫です。で、炒めた玉ねぎは、粗熱を取っておきましょう。

**伊地知** リュウジくんの口から「粗熱を取る」という言葉を聞くのは、なんだか新鮮です（笑）。

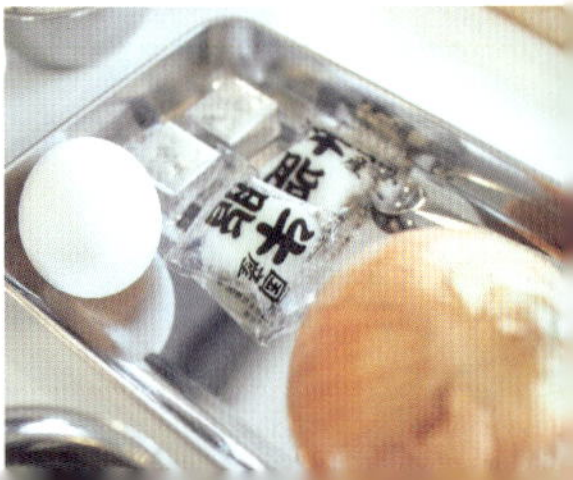

## やわらかくするために
## パン粉はたっぷりと

**リュウジ** つぎにタネをこねます。ボウルのなかに、粗熱を取った玉ねぎ、ひき肉、調味料を入れていきます。あとは今回、潔さんのリクエストで砂肝も入れます。塩は、砂肝があるのでちょっと強めに振ってもいいかもしれない。あと、パン粉も入れます。

**伊地知** パン粉、結構入れますね！

**リュウジ** はい。これがやわらかいハンバーグのもとになるんです。コンソメ、黒こしょう、牛脂も入れていきましょうか。牛脂、ビニールの上から触ってみてください。やわらかいですかね。やわらかければ、手でちぎりながら入れる感じで……

**伊地知** ちぎりながら！

**リュウジ** そうなんです。ダマにならないように、なるべく細かくして入れるんです。硬い場合は包丁で刻んでから入れると良いです。卵はそのまま割り入れて、水も入れます。一旦、大さじ2入れて様子をみたほうがいいかも。水とコンソメが合わさって、ハンバーグの内部にコンソメスープが蓄えられるんですよ。

**伊地知** ほう〜〜なるほどね！

**リュウジ** あとゼラチンを入れたら、冷たいうちに手早くこねていきます。牛脂がまんべんなく行き渡るよう、しっかりもみこむ。もしお肉が緩いと感じたら、一旦冷凍庫で少し冷やしてからこねても良いです。

**伊地知** けっこう粘り気がでてきました。

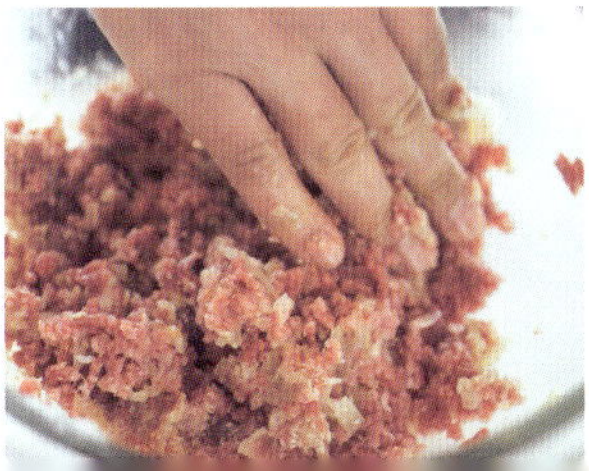

**リュウジ** そうしたら、次は成形です。大きいと、焼いているうちに割れてしまう可能性があるので、3つに分けてもいいかも。

**伊地知** タネの真ん中にくぼみは入れる？

**リュウジ** はい。肉の中心に熱が入りにくいので、へこませて火を通りやすくします。

## 焦げつきやすいので 弱い火でじっくり焼く

**リュウジ** 続いては、両面に焦げ目をつけていきます。火加減は、弱めの中火が良いです。ゼラチンが入っているから焦げやすいんです。焦げ目がついたら、50ccくらいの水を入れて、4分くらい弱火で蒸し焼きにします。

**伊地知** 弱火でいいんだ。焼き目つけるときは強火で、カリッてやっていたから意外。

**リュウジ** 最後はフォークをさして、汁が透明だったら大丈夫。お皿に移したら、最後にソースを作ります。さっき使っていたフライパンを洗わずにもう1回あたためて、にんにくから調味料を入れ、一気に煮詰めます。少しとろみがついたら火を止めます。

## 噛んだときに初めて 肉汁に出会う

**リュウジ** あ、うまっ！ おつまみにするなら、砂肝入りの方がいいかもしれない。主張しすぎない、コリッとした食感。

**伊地知** そもそもハンバーグ自体がうまいよね。思った以上に凝ってましたね。うそでしょって思いました（笑）。玉ねぎ炒め

るんだ、粗熱も取るんだ……って。でも食べてみるとわかる。玉ねぎのシャキシャキした食感はいらないんだって。あと、切ったときに肉汁がでないんですね。

**リュウジ** 潔さん、わかってる！　肉汁って口の中で弾けた方がおいしいんですよね。だから、切ったときに肉汁が出てしまわないようにゼラチンを入れることで工夫しています。元々このハンバーグは、レストランで出すために開発したレシピなんです。23歳か24歳の頃、料理人を目指していて。

**伊地知** へー！

**リュウジ** お店の名物ハンバーグみたいになればいいなと思って考えました。だから僕の中では、ものすごく思い入れの深いレシピ。かなり試行錯誤を繰り返して今の形になっています。

**伊地知** リュウジくんは、本当はめちゃくちゃ手の込んだ料理ができるんですよね。それを知ると、ふだん発信している「なるべく簡単に作ることのできる」レシピが、かなり考えた上で展開されていることがわかって、すごくかっこいいなぁって思う。

**リュウジ** 潔さんは、人の舞台に合わせられるというか。この前、僕の家で一緒に料理をしたときも、僕の方向性に合わせてくれていると感じたんですよね。そういう感覚が人柄にも表れていて、すごいなと思っています。あととにかく、話してて楽しい！

**伊地知** ふたりで延々と何時間でも語れるよね。

伊知地 潔のレシピポイント

## 鶏肉飯（ジーローハン）

- ねぎの青い部分は、**鶏肉を蒸すとき用**に取っておく。
- 鶏肉の味のベースは**紹興酒**。塩こしょうは裏表にしっかりふる。
- たれをつくるときは、**小さいフライパンを使う**のがおすすめ。
- お肉を温めたら、**容器に残っている汁を全部入れて**煮詰める。
- お肉をほぐすときは、最初包丁で少しスライスして、**フォークでほぐす**と楽。

リュウジのレシピポイント

## 至高のハンバーグ

- 玉ねぎのみじん切りは**細かめに**。
- 冷蔵庫で**冷やしたお肉**で作る。
- 玉ねぎを炒めるときは**水分をしっかり飛ばし**、炒め終わったら**粗熱を取る**。
- 牛脂を入れるとき、やわらかければ**ちぎりながら**入れる。
- こねる際にもしお肉が緩いと感じたら、**一旦冷凍庫で少し冷やしてから**こねても良い。
- 最後はフォークをさして、**汁が透明**だったら大丈夫。

recipe trade

5

# 真逆に見えて根っこは一緒！なレシピトレード

料理研究家

## きじまりゅうた

×

## リュウジ

きじまりゅうたのレシピ

**「あじの開きのアクアパッツァ」**

リュウジのレシピ

**「至高のトマトソース」**

recipe trade 5

十数年温めてきた思い出のレシピです！（きじま）

きじまりゅうたのレシピ

# あじの開きのアクアパッツァ

**材料（作りやすい量）**

・あじの干物（大）…1枚（100〜120g）
・あさり（砂抜き）…200g
・にんにく…1かけ
・ミニトマト…10個（80g）
・お好みでバゲット…適量
・水…150cc
・粗びき黒こしょう…少々
・塩…適宜
・オリーブオイル…大さじ1（炒める用）＋大さじ1（仕上げ用）

**作り方**

1 あさりは洗い、ザルに上げ、水気を切る。
2 ミニトマトはヘタを取る。にんにくは皮ごとつぶし、根元と芯を除く。
3 フライパンにオリーブオイル大さじ1とにんにくを入れ、水気をふいたあじの皮目を下にして並べて火にかける。3分ほどしてあじに焼き色がついたら裏返す。
4 ③のフライパンにあさり、ミニトマト、水を加え、時々ゆすりながら煮る。
5 あさりの口が開き、トマトがはぜてきたら、フライパンをゆすりながらオリーブオイル大さじ1を加え、ゆるいとろみがつくまで1分ほど煮る。
6 味見して、必要であれば塩（少々）を加えて味をととのえ、粗びき黒こしょうをふる。お好みでバゲットを添えてもOK。

## 魚が捌けなくても作れるアクアパッツァ

**リュウジ** 今日はよろしくお願いします。全部きじまさんに教えてもらいたいので、あえて予習しないで来ました。

**きじま** アクアパッツァは作りますか？

**リュウジ** はい。好きでよく作るんですが、干物で作る発想はなかったです。

**きじま** 丸ごと一匹の魚って、普段料理しない人にとっては扱いづらい食材だと思うんです。でも干物だったら、一身の魅力もありつつ、手軽さもありつつ、干してあるから旨味も濃い！　このレシピは14年くらい前、料理研究家として独立したてのころ、はじめて本を出させてもらうときに、捻り出したレシピなんです。

**リュウジ** かなり歴史のある……

**きじま** はい！　はじめての本の表紙にもなった思い出深い料理です。まず、にんにくをつぶして、芯だけとっちゃってください。刻んだりせず、ゴロッとしたままで使います。そして、ミニトマトのへたを取ります。

**リュウジ** はい！　トマトは切りますか？

**きじま** 切らないでいこうかなと思います。このヘタを取ったところから、はぜてくるんです。トマトの味をしっかり出したいときは、僕は焼いてつぶしちゃう。

**リュウジ** 僕、いつも半分に切っていました。切らないままで食べてみたいです。

**きじま** あさりはもう砂抜きしてあるので、

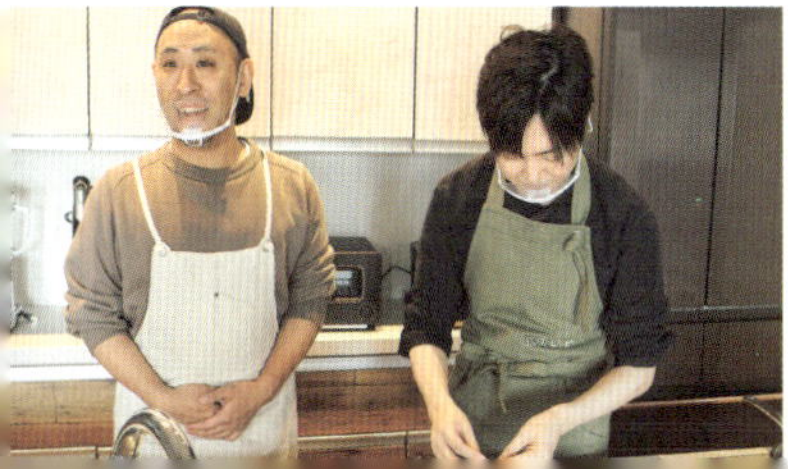

下処理はこれで終わりです。

**リュウジ** お魚を捌けなくても作れますね。

## 先生というより近所のあんちゃん的存在に

**きじま** フライパンを火にかける前に、オリーブオイル大さじ1杯とにんにくを入れて、あじの干物も皮目を下にして入れてください。香りを出しつつ、同時にあじの皮目を焼く作業をしていきます。

**リュウジ** 冷たい状態のフライパンに入れるんですね。

**きじま** はい。料理初心者の方から、「熱くなっているところに手を入れるのが怖い」という話を聞いたんです。だったら、火をつける前に入れちゃえば怖くないし、熱が徐々に上がっていくから、あまりパチパチ油がはねない。なので、このレシピに関しては、コールドスタートにしています。

ちなみに、リュウジさんは、どんな方に向けてレシピを作っているんですか？

**リュウジ** 僕は、どちらかというと料理が好きじゃない人に向けて作っています。僕自身は料理が大好きなので、どの工程を手間だと感じるのかを想像するのが、難しいと感じています。

**きじま** 好きでやってますからね、我々は。本当の意味では、料理が好きじゃない、できないと感じている人の感覚は、わからないじゃないですか。そのなかでリュウジさんは、「こういう工程があったら、めんどくさいと感じるだろうか」と想像しながら

レシピを作っていらっしゃる感じがします。

リュウジ　料理研究家の先生というよりも、近所のあんちゃん的な存在でいたいといいますか……

きじま　おお！　僕もです。

## ワインではなく、あえて水を入れる

きじま　あじをひっくり返したら、あさりとトマトを、囲むように入れていきます。具材を入れ終わったら、水を入れちゃってください。

リュウジ　ワインではなく、お水！

きじま　はい。ワインを入れると酸味が出ちゃうこともあるので。お酒を入れたい場合には、日本酒を入れるといいです。

リュウジ　……すごくいい香りがしていますね。

きじま　あじの干物は、身が薄くて水分が抜けているので、焼き上がるのが早いんです。あさりの口が開いてきて、トマトがやわらかくなってきたら出来上がりです。あさりが開くのに比べてトマトが煮えるのが遅いので、少しやわらかくなってきたら、上からつぶしちゃっても良いです。仕上げに風味づけのオリーブオイルと粗びき黒こしょうを入れましょうか。

リュウジ　めちゃめちゃうまそう！

## 「合理的においしく」が一番難しい

リュウジ　……これはうまい！　塩を入れ

ずにこの味が出るってすごい。アクアパッツァ「風」じゃない。めっちゃめちゃアクアパッツァですね。

**きじま** 汁も飲んでみて！

**リュウジ** すごい……！　おいしいのはもちろんなんですけど、合理的なところが本当にすごいと思います。手間をかければおいしいものって作れてしまうんです。だから、合理的においしく作る方法を考えるのが一番難しい。いかに引き算できるかどうかが、料理研究家にとって大切だと思っています。

**きじま** 一緒だ！　……なんだよ！　生き別れの兄弟かよ（笑）。

**リュウジ** このアクアパッツァにも、いろんな試行錯誤があったんじゃないかと想像します。簡単に作れる料理だからといって、レシピを作るのもラクというわけではないはずで。あらゆる可能性を考えて、ここに行き着いたんだろうと思うんです。

**きじま** そうなのよ、もう。うれしいね〜。レシピを削って簡単にするのはできるんだけど、踏み絵を踏むことでもあるんです。自分が大事にしているものは、本当は削りたくない。でも削らないと、作りやすくならない。葛藤しながら作ってます。

**リュウジ** 今は、気軽に作れる料理をやりながら、たまに「ちょっと工程が多いけれど、こういうのもどうですか〜？」と提示するのが、僕のなかでは一番バランスが取れていると感じます。

**きじま** 作る料理や活動の仕方は違うけど、根っこの部分が一緒。すごくうれしいです。

リュウジのレシピ

# 至高のトマトソース

材料（2人分）

・トマト缶…1缶
・玉ねぎ…½個（100g）
・にんにく…8かけ
・パスタ（1.6㎜）…200g
・塩（パスタ用）…少々
（※お湯1ℓに対して10gで1%）
・エキストラバージン
オリーブオイル…大さじ2
・コンソメ…小さじ3
・砂糖…小さじ2
・黒こしょう…適量
・エキストラバージン
オリーブオイル（仕上げ用）
…大さじ2
・オレガノ（お好みで）…少々

作り方

1. トマト缶はよくつぶしておく。玉ねぎは薄くスライスする。にんにく半量はつぶして粗みじん切りにする。残り半量はすりおろす。
2. フライパンにオリーブオイルを入れ、にんにく（みじん切り）を入れて中火にかける。
3. にんにくが全体的に色付いたら玉ねぎを入れる。すりおろしたにんにくは、電子レンジで600Wで1分加熱する。
4. 玉ねぎがしんなりしてきたら、トマト缶を入れる。レンチンしたおろしにんにく、コンソメ、砂糖、黒こしょうを加える。中火で5〜8分煮込む。
5. 沸騰したお湯に塩分濃度1%の塩を入れ、パスタを茹でる。（茹で汁は少し残しておく）
6. ソースに茹で上がった麺を入れて、弱火にかける。オリーブオイルを入れて絡める。パスタの茹で汁で、好みの濃度に調整する。
7. ねじりながらお皿に盛り付ける。

## 大衆的な料理を作るようになるまで

**リュウジ** まずは、玉ねぎを薄くスライスして、にんにくを8かけ切りにします。

**きじま** これ1回で使う量ですか!?

**リュウジ** はい、かなり入れます。半分は粗みじん切り、半分はすりおろします。カプリチョーザの「トマトとニンニクのスパゲティ」が好きなので、僕なりにその究極系を目指したのが、このパスタです。

**きじま** 料理店で働いていると本格料理を目指すようになって、大衆的な料理に踏み込めなくなる人も多いと思うんです。リュウジさんが、今の方向を目指すようになったきっかけって、何かあるんでしょうか。

**リュウジ** 料理研究家を始めたとき、実績も何もなかったから、「一口食べてすぐにおいしいと感じてもらえないとダメだ」と思ったんです。なので、多くの人に親しんでもらえるだろうと思う味を研究しました。でも僕のやり方は正統派ではないので、どうなのって感じる料理研究家さんはいるんじゃないかと思っています。少なくとも、昔の僕だったら、「うま味調味料を使うやつは料理人じゃねえ!」って思ってますね。

**きじま** 最初にリュウジさんのうま味調味料のレシピを見たときに「ついにこういう料理家が出たか!」と、エポックメイキング(新時代を開くこと)だと感じました。うま味調味料を取り上げることは、禁じ手のようになっていたんです。

## にんにくは加熱してから入れる

**リュウジ** フライパンにオリーブオイル大さじ2杯と、にんにくのみじん切りを入れて、中火くらいで火にかけます。すりおろしたにんにくは、生のままだと少し刺激が強いので、ラップをかけて電子レンジで加熱します。

**きじま** え！　先に加熱しちゃうんだ！　簡単なレシピを入り口に、ひと手間かけることでおいしくなるレシピも作ってもらいたい気持ちがあるんですか？

**リュウジ** 半分半分です。わかりやすい料理を作ってもらって日々楽しく過ごしてもらいたいと思っている僕と、手の込んだ料理が好きで料理人を目指していた頃の僕とが同居しています。きじまさんは、どんないきさつで料理研究家になったんですか？

**きじま** 僕、祖母も母も料理家なんですよ。自分も小さい頃から料理が好きだったんですが、高校生の頃「料理家になりたい」と祖母に言ったら、「男がやる仕事じゃない」って言われてしまって。

**リュウジ** そうなんですか！

**きじま** 当時はまだ、家庭料理をやっている男の人はほとんどいなかったんです。でも、24歳になった頃に奮い立ちました。家業を継いではいますが、これまでの料理家像を継承するよりは、新しい方向性を考えていきたいという気持ちがあります。

## ホールトマトを手で握りつぶすのが好き

**きじま** 炒め具合、どうですかね？

**リュウジ** いい感じです。玉ねぎを加えて中火で炒めて、しんなりしたらホールトマトを入れてください。調味料も入れていっちゃいます。まず、顆粒コンソメと……

**きじま** これは外食的な味にするため？

**リュウジ** はい。これを入れないとカプリチョーザにならないんです。あと、まろやかさを出すために、お砂糖と黒こしょうを足し、トマトの酸味を飛ばす感じで中火で煮込んでいきます。パスタは塩分濃度1％のお湯で茹でます。

**きじま** 茹で時間はどのくらいですか？

**リュウジ** 6分半くらいですかね。パスタが茹で上がったら、麺とソースを絡めて、茹で汁で味の濃さを調整していき、仕上げにエキストラバージンオリーブオイルを大さじ2杯入れて完成です。

## 同じ料理研究家でも働き方が違う

**きじま** うまい！　本当に一口目でがつんと、うまさが伝わるレシピですね。にんにくが効いていて味が立っている。麺の絡みのよさも半端じゃないですね。

**リュウジ** 渾然一体としていますよね。ところできじまさんは、メディアからの依頼を受けてレシピを作ってらっしゃると思うんですけど、SNSは無料じゃないですか。

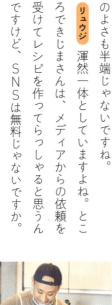

それについてはどう思われますか。

**きじま** 僕ね、ずっとSNSを頑張ってこなかった理由がそこなんです。雑誌とかテレビに出て、有償でレシピを提供しているけれど、SNSでは無料というのは、僕の中ではなかなか整合性が取れなくて。

**リュウジ** やっぱりそうなんですね。僕みたいに無料でレシピを公開して広告収入を得るのとは、同じ料理研究家でも、働き方が全く違うんじゃないかと思ってました。

**きじま** 2010年以前と以降で大きく変わったと思うんです。たぶん僕は、旧来のスタイル最後の世代です。うらやましいところもあるんですよ。

**リュウジ** 僕も今はこういうスタイルですけど、絶対にまた違うフェーズがくるんですよね。吊り橋を渡っているようなものだと感じています。今日はいろいろお話できてよかったです。正直、この企画をきじまさん、受けてくれるのかな？と思っていたんですよ。恐れ多いと感じていて。

**きじま** ほんとですか？ 逆に僕から見たリュウジさんは別世界で輝いているといいますか。でも、話してみたら、思っていた以上にすごく考えてる人なんだなと思って。

**リュウジ** ふだんあまり見せないですからね。僕、料理研究家さんと関係を築いて、みんなでこの仕事の社会的な地位を向上したいと思っています。

**きじま** 僕も、料理研究家の職業としての底上げに関してはずっと考えていました！

きじまりゅうたのレシピポイント

## あじの開きのアクアパッツァ

- にんにくは刻んだりせず、**ごろっとしたまま**使う。トマトは切らずに焼いてつぶす。
- フライパンを**火にかけず**に具材を入れてOK！
- **ワインではなく水**を使う。お酒を使いたい場合は、日本酒を。
- あさりが開くのに比べてトマトが煮えるのが遅いので、少しやわらかくなってきたら、**上からつぶしても良い**。

リュウジのレシピポイント

## 至高のトマトソース

- にんにくは**たっぷり**使う。
- すりおろしたにんにくは、調理する前に、**ラップをかけて電子レンジで加熱しておく**。
- 顆粒コンソメを入れることで**カプリチョーザの味**に！

recipe trade

6

# 料理は科学だ！超えたくなる壁のレシピトレード

クッキングエンターテイナー

# 大西哲也 × リュウジ

大西哲也のレシピ「**唐揚げ**」

リュウジのレシピ「**至高のカルボナーラ**」

# 大西哲也のレシピ　唐揚げ

**材料(作りやすい量)**

・鶏もも肉…2枚
(500~600g)
・片栗粉：小麦粉…4：1
(片栗粉120g：小麦粉30g)
・塩…肉の0・8%
(4~4・8g)
・こしょう…少々
・酒…少々
・片栗粉(下味用)…少々
・サラダ油…少々
・卵…1個
・揚げ油…適量(肉が浸るくらい)
※鶏もも肉1枚で作るときは、すべて半分の分量
☆盛り付け用
・カットレモン
・レタス

**【油淋鶏ソース】**
・酢…大さじ3
・上白糖…大さじ3
・醤油…大さじ2
・ごま油…大さじ1
・刻みねぎ…大さじ3
・刻みしょうが…大さじ1

**作り方**

① 鶏肉をテンダーライズする。なければフォークを使って全体に穴を空ける。
② 鶏肉を50g程度になるよう少し大きめに切る。(300gなら6等分くらい)
③ 塩、こしょう、酒を加え、ねばっとするまで揉む。溶き卵を加え、肉に吸われるまで軽く揉む。そこに片栗粉を少々加えて揉み、サラダ油を加えてさらに揉む。
④ 片栗粉：小麦粉(4：1)で衣を作る。
⑤ ③に④の衣をつけたら160度の油で3分半揚げ、一旦取り出し、揚げたときと同じだけ休ませる。
⑥ 180度の油で30秒~1分ほどもう一度揚げる。

**油淋鶏ソース**

① 酢、砂糖、醤油、ごま油を混ぜる。
② ねぎとしょうがをみじん切りにし、調味料に加え混ぜる。

## 工程のひとつひとつに理由がある

**大西**　まずは鶏もも肉にフォークをざくざくと刺したら、唐揚げ1個あたり約50gになるように大きめに切っていきます。鶏もも肉1枚がだいたい300gなので、3等分して、それぞれ半分にすると良いと思います。あらゆる料理において、おいしく仕上がらない原因の大多数は、火の入れすぎ、もしくは入らなすぎだと思うんです。鶏肉を大きめに切るのは、二度揚げした際、火が入りすぎないようにするためです。

**リュウジ**　でかいっすね！　僕はいつも鶏もも肉1枚を8等分していました。皮は取り除きますか？

**大西**　あっ、皮はそのままで大丈夫です！　このあと、衣をまとわせるときに、皮がポイントになるんです。次に鶏肉をボウルに入れて、塩、こしょう、酒をそれぞれ「全体にまぶす程度」入れ、揉み込みます。しばらく揉み込んでいると、だんだん粘りが出てきます。調味料が肉に浸透して「中に入った」証拠です。

**リュウジ**　それにしても、調味料が3つだけというのは、めちゃめちゃシンプルですね。僕の唐揚げのレシピは、醤油を結構入れています。

## 中華の手法で鶏肉に卵を吸わせる

**大西**　続いて大事なのが、卵を揉み込むこ

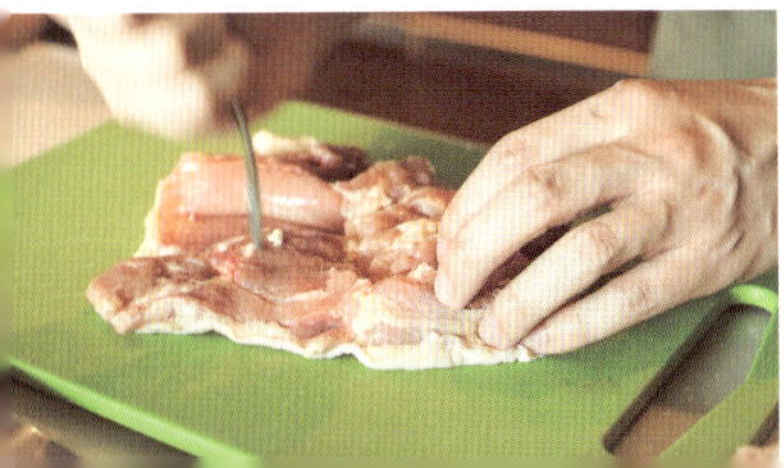

とです。中華の「漿（チャン）」という手法を使っています。食材をぷりっとさせるために、卵を吸わせるんです。そうすることで、保水力が高まって、やわらかくてジューシーな唐揚げになるんです。

**リュウジ** （揉み込みながら）あ、全然卵がない。あっという間になくなりますね。

**大西** そうなんですよ！　初めてやったとき、めちゃめちゃびっくりしました。次に、片栗粉をひとつまみ、サラダ油も小さじ1くらい入れて混ぜます。油を入れると剥がしやすくなる、といいますか。乾燥を防げるし、作業もしやすくなります。

**リュウジ** これも中華のやりかた？

**大西** そうなんです。僕の料理は、中華の作り方がベースになってるものが多いです。

---

**リュウジ** そういえばこの唐揚げには、にんにくとしょうがは入っていないんですね。

**大西** それがポイントなんです！　……油、160度くらいにしておきましょうか。

**リュウジ** やはり温度は重要ですか？

**大西** はい！　ただ、前は「料理は温度、料理は科学」と強く言っていたんですけど、科学に固執しすぎてはいけないと思うようになりました。僕、うんちくが本当に多いんで。

**リュウジ** でもそれが大西さんの良さでもありますよね。

## 片栗粉か小麦粉か 唐揚げの衣問題

**大西** ところで唐揚げの衣、片栗粉なのか

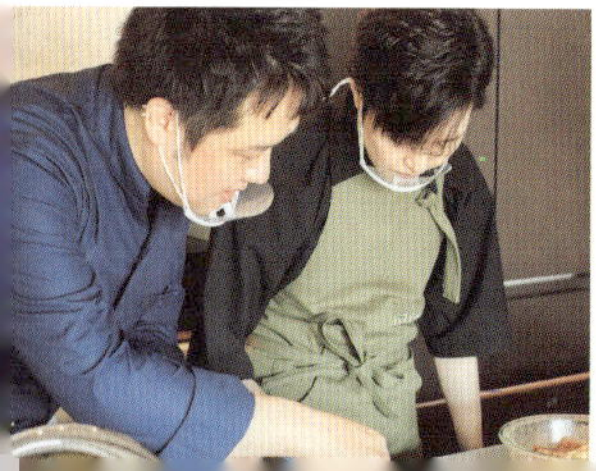

小麦粉なのか問題ってありますよね。片栗粉は、油を吸わないでカリッと仕上がる。小麦粉は、油を吸ってしっとり仕上がる。僕は、片栗粉4：小麦粉1が好みです。ある程度粉をつけたら、唐揚げの形を丸くしたいので、皮で身を包んで欲しいです。そうしないと、箇所によって火が入る量が変わってしまう。あと、皮を外側に配置することで、「皮ぶよぶよ問題」が発生しません。

**リュウジ**　（鶏肉を見ながら）この肉、皮、付いてますかね？

**大西**　いますいます。全部包み切れなくても大丈夫です。包み終わったら、皮を下にして油に落とし、160度で3分半、揚げていきます。油の泡があまり立っていない位で大丈夫です。一気にたくさん入れると油の温度が下がっちゃうので、3～5個くらいずつ、分けて揚げるのがポイントです。そんなに揚げ色がついていないうちに、油から出しましょう。油から上げたあと、余熱で火を入れていくので。「揚げ物の黄金温度は180度」という説がありますが、はじめから180度で揚げると、内側に火が入りきらないうちに、外側に火が入りすぎてしまうんです。なので、まずは160度で揚げて、余熱で内側にしっかり火を入れてから180度で揚げる二段構えにします。油から上げた唐揚げは、最低3分半、休ませておく必要があります。

**リュウジ**　醤油を使っていないから、全然色が茶色くないですね。白い！

**大西**　油淋鶏ソースを作っちゃいましょう。

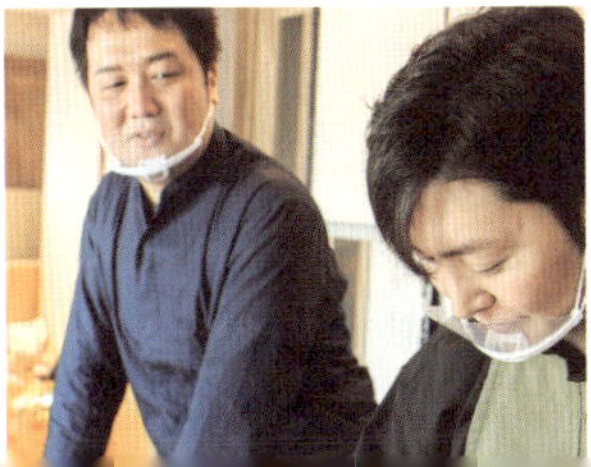
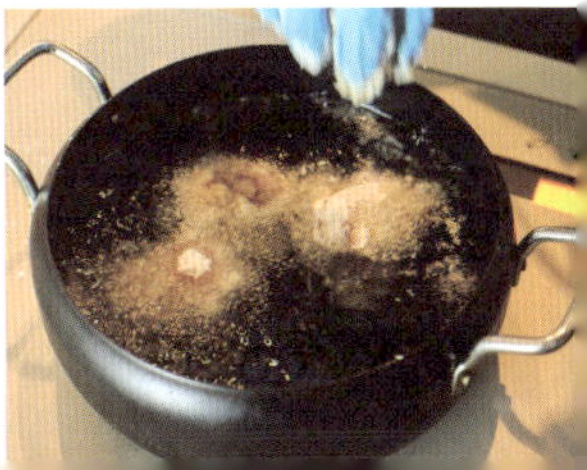

まず、ねぎとしょうがをみじん切りにします。それと、砂糖3、酢3、醤油2、ごま油1の割合で調味料を合わせて混ぜるだけ。酢の代わりにレモン汁を使ってもおいしいです。最後に、油が180度になったら2度目の揚げを30秒だけしましょう。外側に焼き色をつけるだけなので短めです。

**リュウジ** おお、この最後30秒の揚げでざっくざくになってる。全然違う。

## やったらおいしくなる 超えたくなるハードル

**リュウジ** わーーー味がめっちゃ入ってる！ しょうがやにんにく入れなくても、こんなにおいしくなるんですね。卵が入っている感じが不思議とまったくしない。

---

**大西** でも、噛んだ瞬間の肉汁はじける感じは、卵で表現されているんです。

**リュウジ** だからぷりぷりなんですね！ 実際に教えてもらって、食べてみて、このおいしさを再現するためには、これだけの量の説明が必要なんだなと納得しました。

**大西** 僕の料理はハードルゼロではないけど、超えられないハードルではないはず。やったら、確実においしくなる。

一方で、ハードルを下げるのも、すごく大事だと思っています。感銘を受けたリュウジさんの言葉に「やむをえず料理をしている人たちにも、おいしいものを食べてもらいたい」というのがありまして。だから最近は、ハードルを下げるためのレシピも作っています。

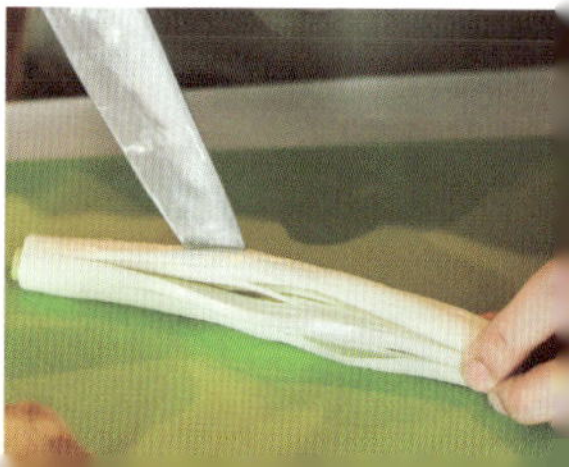

リュウジのレシピ

# 至高のカルボナーラ

**材料（2〜3人分）**

※1人分なら半量

・卵Lサイズ…2個
・粉チーズ（クラフトのもの）…60g
・オリーブオイル…大さじ2
・にんにく…2片
・ベーコン…80g
・鷹の爪…2本
・パスタ2㎜のもの…200g
・塩…少々

★仕上げの際に
・茹で汁…大さじ4ほど
・オリーブオイル…小さじ4
・ホールの黒こしょう…30粒ほど

**作り方**

1. にんにくを粗みじん切りに、ベーコンを千切りにする。黒こしょうを包丁で切り刻む。
2. ボウルに卵を割り入れ、粉チーズを加えてよく混ぜる。
3. フライパンにオリーブオイルを入れ、火にかける前に鷹の爪とにんにくを加える。強火にかけ、油がふつふつとしはじめたら、ベーコンを加えて全体をなじませる。
4. 鍋にお湯を沸かす。
5. ベーコンに少し火が通ったら中火にして、軽く焦げ目がついてきたら火を止め、フライパンを冷ましておく。
6. 沸かしたお湯に塩を加え、パスタをパッケージに記載の時間より1分短く茹でる。
7. パスタが茹で上がったら、茹で汁を残しておいてザルにあける。
8. フライパンにパスタを入れ、ごく弱火にかけて卵液を加える。鍋底から全体に絡まるように、ゴムべらで絶えず混ぜる。茹で汁を加えてソースの固さを調整する。
9. ソースがクリーム状になったら火を止め、オリーブオイルを加え混ぜる。
10. パスタを盛り付け、刻んだ黒こしょうをかける。

## 「緑の粉チーズ」の底力を思い知らせる

**大西** リュウジさんとカルボナーラの話をしたかったんです。僕が否定した、あの粉チーズでおいしいカルボナーラが作れることを、思い知らせてほしいんです。

**リュウジ** すべてのカルボナーラレシピにケンカを売っている感じですからね。まずはにんにくを粗みじんに、ベーコンを千切りにします。僕は、結構細かめに切るのが好きです。ベーコンに関してもいろいろ試してみて、スーパーなどで手に入る、ごく一般的なベーコンに辿り着きました。日本のベーコンには、うま味調味料が使われているんですよね。僕は、うま味を高い基準値に置くことで、自分の味にしていくというスタイルでやっていて。わかりやすい味にするためにこうやっています。ベーコンを切り終わったら、Lサイズの卵をボウルに割り入れてかき混ぜます。

**大西** 卵が小さいと問題があるんですか。

**リュウジ** 小さいと、パスタに対して滑らかにまとわりつかないんです。小さい卵を使う場合には、パスタを1人前あたり80グラムぐらいに減らすと良いと思います。

**大西** 次は粉チーズでしょうか。

**リュウジ** 2人分作る場合、1缶をほぼ使い切る感じです。

**大西** おお〜!(多さに興奮)

**リュウジ** ケーキ作ってるみたいですよね。卵と粉チーズをしっかり絡ませてソースを

作っていきます。混ぜ終わったら、パスタを茹でましょう。塩は、お湯に対して0・8%くらいの濃度になるように入れます。例えるなら、薄めのお味噌汁。味見してみたときに、もうちょっと塩味が強い方が、おいしいと感じるくらいのしょっぱさで。

## ベーコンを炒めたあと フライパンをしっかり 冷ますのが重要

**リュウジ** 僕のカルボナーラの特徴は、唐辛子を入れること。途中で味に飽きてしまうところに、唐辛子の辛味が加わることで、最後まで食べられるようになるんです。フライパンにオリーブオイル大さじ2杯と、鷹の爪、にんにくを入れましょう。しゅわしゅわ言わせる感じで。

**大西** 冷たい状態から炒めて、唐辛子とにんにくの風味を出していく。イタリアンの基本を踏襲していますね。

**リュウジ** 炒めている間にホール状の黒こしょうを包丁で刻みます。そろそろベーコン入れましょうか。ベーコンはカリカリになるまで炒めなくても縮れてきたら火を止めて、フライパンを冷まします。ふきんか何かにのせちゃいましょう。ここが、一番重要です。フライパンが温かいままだと、卵にすぐ火が入ってしまって失敗してしまうので、完全に冷まします。

**大西** カルボナーラの失敗でいちばん多いのが、「卵ぼそぼそ事件」ですもんね。

**リュウジ** 実際に作るときは、効率を考えて、ベーコンを炒めるのと同時にパスタを茹で

ている人も多いと思うんですが、そうすると、フライパンを冷ます時間を考慮しそびれて、卵に火が入ってしまう。

**大西** ベーコンはむしろ、パスタを茹でるより前に炒めておいてもいいんですかね。

**リュウジ** いいですね。全部を混ぜ合わせるタイミングまでに、ベーコンの油が固まらない程度にしっかり冷めていれば大丈夫。ごく弱火で、卵をあったためるようにしながら絡ませていくのが重要です。

**大西** なぜぼそぼそになるかがわかっていないとダメなんだと思います。同じことを繰り返してしまう。

**リュウジ** あと、この作業は箸だとうまくいかないので、絶対ゴムべらを使ってください。下からこそげるように混ぜる感じで。

---

パスタが茹で上がったら、茹で汁をちょっと残して、ザルに開けます。火はつけずに、フライパンで、卵とチーズを混ぜたカルボナーラの素をたっぷり入れて混ぜてください。ただ、今のままだとまだ少し固めなので、茹で汁を大さじ2杯くらい入れ、ごく弱火で温めていきます。

**大西** ちょっと湯気が出てきましたね。慣れていない人は、都度火を切りながらやってもらうのでもいいのかもしれない。

**リュウジ** 茹で汁、もうちょっと入れようかな。

**大西** 様子を見ながら作っていく感じなんですね。チーズがだいぶ溶けてきましたね。

**リュウジ** 仕上げに香りづけでオリーブオイルをかけます。完璧です！　さすが大西さ

ん。盛り付けましょう。

**大西** パスタの盛り付け方、僕とリュウジさん似ていますよね。丸く高く盛る。

**リュウジ** カルボナーラは、この盛り付け方をやったほうがいいですよね。冷めるとうまくなくなっちゃうので。賞味期限3分くらいかも。お皿を温めておくのも大事ですね。最後に、黒こしょうをぱらぱらっとかけて……完成です！

## 人の世界一を学びながら、自分の世界一をつくる

**大西** めちゃめちゃおいしい！　緑缶の粉チーズでこんなにおいしくなるんですね。

**リュウジ** このもったり感を作るには、緑缶が一番かなと僕は思っています。

**大西** 緑缶のチーズは、チーズに含まれるうま味成分自体は少ないんですけど、ベーコンやにんにくのうま味が合わさることで、うま味がちょうどいいバランスになるんですね。パルミジャーノとかを使いながら、同じ量のにんにくを使うとうま味が勝ちすぎちゃうかも。リュウジさんは自分のレシピが一番おいしいと思っているんですか？

**リュウジ** そうですね。僕は本当にそう思っているし、そうじゃなきゃいけないと思っています。なぜなら自分の舌に合わせて作ってるから。人の数だけ正解があって、正解がたった一つということはない。僕が世界一といっている料理を、世界一だと思う人も思わない方もいて、それは本当に好みなんですよね。

大西哲也のレシピポイント

## 唐揚げ

- 火が入りすぎないようにするために、**鶏もも肉を大きめに切る。皮は取り除かない**。
- カットした鶏肉に調味料を**しっかり揉み込む**。食材をぷりっとさせるために、**卵もしっかり揉み込む**。
- 粉をつけたら、唐揚げの形を丸くしたいので、**皮で身を包む**。
- まずは160度で揚げて**余熱で内側にしっかり火を入れてから**、180度で30秒ほど揚げる。

リュウジのレシピポイント

## 至高のカルボナーラ

- 卵が小さいと、パスタに対して滑らかにまとわりつかないので、**大きめを使う**。小さい卵を使う場合には、パスタを1人前あたり80gぐらいに減らす。
- ベーコンが縮れてきたら火を止めて、ふきんにフライパンをのせ、**しっかり冷ます**のが重要！　フライパンが温かいままだと、卵にすぐ火が入ってしまって失敗してしまう。
- フライパンに卵液を加え、弱火でかき混ぜるときは、**箸ではなくゴムべらで**。下からこそげ上げるように混ぜる。
- 冷めたらおいしくないので、**お皿を温めておき、盛りつけ方は丸く高めに**。

recipe trade

7

# 作ってみたくなる！究極の発想レシピトレード

「sio」のオーナーシェフ

# 鳥羽周作 × リュウジ

鳥羽周作のレシピ「**無限パスタ2**」

リュウジのレシピ「**至高のボンゴレ**」

鳥羽周作のレシピ

# 無限パスタ2

**材料（2人分）**

・スパゲティ（1.7㎜）…200g
・お湯（茹で用）…2000cc
・塩（茹で用）…小さじ4
・卵（Mサイズ）…4個
・サラダ油…大さじ3
A
　めんつゆ（4倍濃縮）…小さじ2
　無塩バター…40g
　塩昆布…6g
・粉チーズ…20g

**作り方**

1 鍋にお湯を沸かしておく。
2 フライパンを熱してサラダ油をひき、両面焼きの目玉焼きを2つ作る。
3 さらにサラダ油を引き、半熟の目玉焼きを2つ作る。
4 沸騰したお湯に塩、パスタを入れて茹でる。
5 ボウルにAを入れ、両面焼きの目玉焼きを粗めに刻んで加え、混ぜ合わせる。
6 パスタが茹で上がったら、5のボウルにパスタとチーズを入れて混ぜる。
7 パスタをお皿に盛り、半熟の目玉焼きをのせて完成。

トバいパスタをご賞味あれ♪（鳥羽）

## 余白を残して味に「リズム」をつける

**リュウジ**　今回選んだ鳥羽さんのレシピ、パスタに目玉焼きを混ぜ込むの、めちゃめちゃうまそうです。

**鳥羽**　フライドエッグのような状態にすると、香ばしくなってすごくいいんです。カルボナーラよりも味が均等に行き渡らない分、味にリズムがあって楽しい。卵の部分は少しカルボナーラっぽい、パスタの多いところはカチョエペペっぽいっていう。
まずはボウルのなかに、バター、めんつゆ、塩昆布を入れて混ぜておきます。フライパンの油が温まったら、卵を入れます。

**リュウジ**　両面ともカリカリにする感じ？

---

**鳥羽**　そうです、けっこう雑にやってもらって大丈夫です。

**リュウジ**　鳥羽さんのレシピには「これは絶対にこうしてください」というような、決まりごとはない感じでしょうか。

**鳥羽**　はい。僕、レシピには常に余白を残したいんです。そうしないと、レシピ通りにできなかったときに即「失敗」だと感じてしまったり、材料が集まらないとできなくなってしまったりするので。自由にアレンジしていただけたらと思っています。

**リュウジ**　わかります。

**鳥羽**　あーーーっ！　超うまそう！　これっすこれっす！　このカリカリした感じが、ベーコンの役割を果たすといいますか。

**リュウジ**　黄身の固さはどうしますか？

**鳥羽** 半熟のところと火が通ったところ、両方あるくらいでいいかもしれません。焼けたら、刻んでさっきのボウルの中に入れちゃってください。

**リュウジ** 目玉焼きをカリカリにして混ぜ込むっていう発想は全然なかったです！

## パスタの太さは1・7㎜を推奨

**鳥羽** 次は、お湯に麺を入れながら、半面焼きの目玉焼きを作っていきます。パスタの茹で時間は8分くらいですね。

**リュウジ** パスタの太さについて考えていることってありますか？

**鳥羽** 僕は1・7㎜を推奨しています。お家でパスタを食べるときには、1人あたり100g食べると思うんですが、100gを食べ切るまでの時間やソースとのバランスを考えると、1・7㎜がちょうど良いんです1・6㎜や1・4㎜だと、100g食べているうちにのびちゃうんですね。1・9㎜もおいしくて好きなんですけど、茹で時間が10分以上かかってしまうんで。1・7㎜なら、8分くらいで茹で上がるんです。

**リュウジ** すごい！　僕、こういう「なぜこう作るのか」に触れたくて、レシピトレードをやっているところがあります。

**鳥羽** 謙虚ですよね。リュウジさんは愛の人だと思ってます。料理から伝わる姿勢ってあると思うんです。リュウジさんのレシピは、どう届けたいのかがすごく明確。リュウジさんがどういう人なのかが伝わって

きます。

**リュウジ** 僕は、料理を作る人を増やしたい。とにかくその一点だけなんです。

**鳥羽** 僕も、「幸せの分母を増やす」というモットーを掲げていて、近い気持ちを持っていると思います。だから、なるべく身近にある食材なども使っています。

**リュウジ** 鳥羽さんのレシピで、マックのハンバーガーにリンゴジャムをのせるの、ありましたよね。あれ、すごい発想だなと思いました。

**鳥羽** リュウジさんは、目玉焼きの黄身の色ピンク派ですか？　黄色派ですか？

**リュウジ** ピンクですね！

**鳥羽** 僕も一緒！　うれしい！　黄身のまわりの白身が固まっているほうが好みです。

---

**リュウジ** 僕、水っぽい卵白は、寄せながら焼くようにしています。こうすると、目玉焼きが丸くなるんです。

**鳥羽** おおおーーっ！　あとは茹でたパスタと粉チーズを、ボウルに入れて混ぜてから、盛り付けるだけです。

**リュウジ** いいにおいがする！　なんで塩昆布を入れるのかが、今わかった。これが味のポイントになるんですね。

**鳥羽** ですね、旨味になります。あと、最後のまとめる段階で粉チーズを入れると、麺にまとわっていい感じになります。

**誰の「おいしい」も否定しないこと**

**鳥羽** うまっ！　やばい。まじでおいしい。

**リュウジ** バターを結構がっつり使ったけど、このくらいがちょうどいい！　塩昆布の味が効いていて最高。

**鳥羽** バターライスみたいでもあり、卵かけごはんみたいでもあり。

**リュウジ** パリッと焼いて、崩して麺にからめるっていうやり方、本当にすごいですよね。カルボナーラとも似ているんだけど、味わいが違う。

**鳥羽** 目玉焼きの焼き加減が最っ高です。ところでリュウジさん、X（旧Twitter）で「味覚は人それぞれ。本当においしいものを理解している方は人の『おいしい』を否定しない」とつぶやいていたじゃないですか。

**リュウジ** 僕、もともと「このやり方は本場のじゃないからだめ」とか、しゃらくさいことを言う人間だったんです。そこを経て、一周まわって、いろんなことを許容できるようになった感じです。

**鳥羽** 僕も昔は、自分のやり方がベストで、それ以外はだめ、みたいな考え方をしていたんですけど、いろんな人と出会って話を聞いていくうちに変わりました。まずい料理を作ろうと思って作っている人はいないはずだから、ひとつひとつの料理に「おいしいポイント」はあって、それを見つけることの方が、尊いと思うんです。どんな料理を作る人も、みんなそれぞれによくて。作ってる人同士が、お互いにリスペクトしあっていけたらいいなと思います。

recipe trade 7

リュウジのレシピ

# 至高のボンゴレ

**材料（2人分）**

・にんにく…4片
・オリーブオイル…大さじ2
・あさり…400g
・酒…100cc
・鷹の爪…2本
・水…500cc（様子を見ながら追加）
・塩…小さじ2/5
・パスタ（5分茹での1・4㎜）…200g
・バター…20g
・昆布茶…小さじ1
・乾燥パセリ…適量

**作り方**

1 にんにくのへたを潰して芯を取ったら、スライスして粗みじんにする。

2 フライパンを熱してオリーブオイルを引き、にんにくを入れて弱めの中火で炒める。

3 途中で鷹の爪を入れてにんにくが色づいたら、砂抜きしたあさりを加えて炒める。

4 軽く炒めたら酒を入れ、中火にしてふたをする。

5 あさりが開いたら火を弱め、あさりを取り出す。

6 あさりを取り出したフライパンに水と塩を入れて沸かす。

7 沸騰したらパスタを入れ、中火で煮る。（茹で時間が経つ頃に水分がとぶように調整する）

8 煮ている間にあさりの殻を取っておく。（盛り付け用に5、6個残しておく）

9 パスタが茹で上がり乳化してきたら弱火にし、あさりをフライパンに戻して昆布茶を加えて混ぜる。仕上げにバターも加える。

10 盛り付けて、パセリを振りかけたら完成。

## 理にかなっている「邪道」

**鳥羽** このレシピ、あさりの出汁でパスタを茹でるところがいいですよね。このやり方だと、フライパンひとつで作れて、ほかに鍋を用意する必要がない。本場からすると、邪道と言われるやり方かもしれないけど、ボンゴレは本来、旨味を吸わせることが重要なパスタ。この方法は、かなり理にかなっていると感じます。

**リュウジ** 今まで食べたボンゴレのなかで一番おいしかったのが、イタリアのチビタベッキアという港町で食べたボンゴレで、その味をイメージしながら作ったのがこのレシピです。僕、鳥羽さんがこのレシピを選んでくれたことが、すごくうれしいです。まずはにんにくを切るところからいきましょうか。鳥羽さん風にアレンジしていただいちゃって構いません！

**鳥羽** やーできるかなー。超緊張しています。これは半分に切ったらつぶしちゃって良いんでしょうか？

**リュウジ** いかようにでも！ 僕は、潰してからスライスにしています。そうすると、粗みじんっぽい感じになるので。切り終わったら、フライパンにオリーブオイルを大さじ2杯入れて、にんにくを入れて、弱めの中火で炒めます。しゅわしゅわと、香りをつけていく感じですね。

**鳥羽** （フライパンににんにくを入れながら）これだけの量のにん

にくを使うんですね！　鷹の爪は、このまま入れる感じですか？

**リュウジ**　僕はそのまま入れちゃいますね。煮込んでいるうちに、中の成分が出てくるんです。そしたら次は、あさりを入れて軽く全体を混ぜます。お酒を入れて、火を少し強めてください。お酒はワインじゃなく、日本酒を使います。

**鳥羽**　既に超おいしそうなんだけど！

**リュウジ**　この状態がもう、あさりの酒蒸しですからね。あさりが開いたら、開いたそばから取り出して、一旦別のところに置いておきます。煮すぎると、貝がゴムみたいに固くなっちゃうので。

**鳥羽**　わかるーー！

**リュウジ**　あと、少しめんどくさいんですが、今のうちに貝殻からあさりの身を外しておくと、食べるときがラクです。貝殻付きは、飾りつけ用に5～6個だけ取っておきます。

**鳥羽**　お水入れちゃいましょうか！

**リュウジ**　はい！　まずは500cc入れてみて、様子を見ながら足していきましょうか。リゾットの作り方に似ているんですよね。米が水を吸っていくのを確認しながら、都度つぎ足していくやり方。でも、その感覚を動画で伝えるのは難しいので、レシピには具体的な数字で分量を書いています。

**鳥羽**　塩も入れちゃって大丈夫ですか？

**リュウジ**　大丈夫です！　塩を入れたらパスタも入れちゃいましょう。このレシピの場合、1・4㎜の太さのパスタで作るのがちょうど良い感じです。

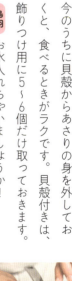

鳥羽　フライパンでパスタを茹でるの、初めてなんだよね。楽しみ！

リュウジ　ねじりながら、ぐーーって押さえるようにして入れていきます。半分くらい入ったところで手を離すと、パスタがフライパンのなかに収まって、あまり飛び出さないんです。

鳥羽　すごっ！　究極のやり方だよね。あさりのエキスたっぷりの白濁したスープを、全部吸ってますからね。

リュウジ　昆布茶も入れちゃいましょうか。パスタが茹だったら、あさりを戻してバターを入れます。ボンゴレってあまりバターは入れないんですけど、少し立体的な味にしたかったので入れています。

鳥羽　わっ！　バターの香りやばいっすね。

---

リュウジ　盛り付けも完璧です！

## 細かい想像力で作られている

鳥羽　めっちゃおいしい！

リュウジ　……うっま！　にんにく細かくするの、いいですね。

鳥羽　辛さもしっかり決まってて、塩加減も旨味もちょうどいい。最後のバターがポイントになってますね。ボンゴレって、つんつん角が立ったような味になりやすいんですけど、それがない。バターを入れたことで味が丸くなって、お子さんも食べやすいんじゃないかと思います。

リュウジ　良かったです。食べやすいほうがいいと思ったんです。オリーブオイルだけ

で仕上げるやり方もすごくおいしいんですけど、バターの香りや風味が好きな方も多いので……

**鳥羽** 僕はこの味、大好きです。超うまい！　全部食っちゃってもいいですか？

**リュウジ** すごくうれしいです！　鳥羽さんに、レシピのなかに込めた僕自身のマインドも汲み取ってもらえた気がして、すごく報われた気持ちです。

**鳥羽** リュウジさんの料理は、なるほどという発見がある一方で、ちょっと手を伸ばしたら届きそうでもある。その絶妙なラインに位置していて、それでいておいしいのが尊いです。これだけの力と知識を持っている人が、マスで料理を発信していることは意味があると思うんです。なにしろ「たくさんの人に料理を作って欲しい」という意思が明確で、結果を出しているって、めっちゃかっこいいんですよ。伝えるための編集力やプロデュース力も高い。想像力が細やかなんだと思います。リュウジさんの本質はアウトプットに表れていると思います。ボンゴレ、ほんとすごいよ！

**リュウジ** すっごいうれしいです。もっと鳥羽さんに「うまい！」って思ってもらいたいなっていう気持ちで、創作意欲がマックスになりました。

**鳥羽** またいろいろやりましょう。僕、まずは今度の土日にリュウジさんの「鶏ねぎ塩つけそば」を作りますから！

**リュウジ** はい！

鳥羽周作のレシピポイント

## 無限パスタ2

- 目玉焼きは**両面ともカリカリ**に！
- パスタの太さは、**1.7㎜**が一番ちょうどいい。
- **最後に粉チーズを入れる**と、麺にまとわっていい感じになる。

リュウジのレシピポイント

## 至高のボンゴレ

- **にんにくは潰してからスライスにする**と粗みじんっぽくなる。
- お酒は**ワインではなく日本酒**を使い、あさりが開いたらすぐに取り出す。
- **先に貝殻からあさりの身を外しておく**と、食べるときにラク。貝殻付きは、飾りつけ用に5～6個だけ取っておくと良い。

recipe trade

8

今井真実のレシピ「**蒸しブリ**」
リュウジのレシピ
「**至高のハヤシライス**」

# 家庭料理と外食の味、「違い」に憧れるレシピトレード

料理家
**今井真実**

×

リュウジ

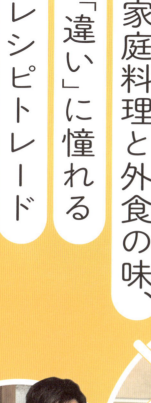

recipe trade 8

今井真実のレシピ

# 蒸しブリ

**材料**

・ブリ
・日本酒…3切れに対して小さじ1
・塩…適量

**【付け合わせ用】**

・レタス…150g
・醤油…大さじ1
・酢…大さじ1
・黒こしょう…お好みで

**作り方**

1 ブリの切り身は、うろこの有無を確認し、ついていたら包丁でこそぐように取る。(うろこがたっぷりついていて取れにくかったら、皮の部分にお湯をかけると、うろこが綺麗に上がり、取りやすくなる)

2 切り身を並べてお酒をかけたら、両面に塩をまんべんなくふり、冷蔵庫で15分ほど寝かせる。(この作業で臭みを取り、下味をつける)

3 蒸し器を強火で熱しておく。

4 レタスを洗ってよく水気を切り、ちぎったら、醤油、酢を混ぜ合わせる。(追加で黒こしょうをたっぷりかけると、味が引き締まっておいしい)

5 ブリは水気を取り(ここで塩が落ちても大丈夫)、重ならないように耐熱皿に並べる。

6 蒸気の上がった蒸し器で、強火で7〜8分蒸す。(2切れほどの場合は、6分から様子を見る)

7 盛り付けたら完成。(すだちを絞っても◎)

※ひと切れだけの場合は、電子レンジで蒸してもOK。お皿にふんわりラップをかけ、600W2分〜で火の通りの様子を見て、10秒ずつ足していく。

※冷蔵庫で寝かせる時間を省略する場合は、塩をふる→水気を取る→耐熱皿に並べる→お酒をふる→蒸すの順にする。

## レタスの立ち位置はタルタルソース

**今井** リュウジさんは普段、魚のうろこを確認されますか？

**リュウジ** 普段はあまり気にしていません。

**今井** じゃあちょびっとだけ、うろこを取ってみますね。専用のうろこ取りを使わなくても、包丁の歯でこすれば大丈夫です。こするのがめんどくさい場合には、ジャッとお湯をかけるといいです。うろこが浮いて、すっきりした味になります。うろこを取り終わったら、ブリにお酒とお塩を振ります。お塩は両面に。お酒はじゃーっと振っちゃってください。魚のコンディションはどうしても差があるので均一にするために、この手順で臭みを取るんです。

**リュウジ** 蒸したら塩の風味は落ちます？

**今井** いえ、残ります！　塩で脱水と味つけ、両方をやる感じですね。もししょっぱくなりすぎたら、お酢をかけちゃえば大丈夫です。かけ終わったらラップをして冷蔵庫に入れて、少し置きます。そのあいだにレタスの調理をすすめます。まず、食べたい分だけちぎってください。

**リュウジ** 食べたい分だけ！　ほおお。そういう感じなんですね。

**今井** 次は酢醤油を作ります。レシピには、醤油とお酢大さじ1ずつと書いてありますが、「醤油と酢が同量」と覚えておけば、レタスが増えても減っても大丈夫です。

**リュウジ** このレタスは、付け合わせ的なも

のなのでしょうか。

**今井** 付け合わせ兼「たれ」です。えびフライのタルタルソースのような立ち位置ですね。ブリは脂っぽく、ものによっては生臭さもあるので、このレタスと一緒に食べることで食べやすくする感じです。

**リュウジ** へえー！　タルタルの立ち位置！　普段付け合わせってあまり作らないんですが、その説明だと、親しみやすいですね。

**今井** 「付け合わせ」と聞くと、急にハードルが高くなったように感じますよね。お魚は、すっぱいものを添えたらおいしく食べられると思うんです。私、夜ごはんの支度の中で試作をするようにしていて、それで無理があった場合にはそのレシピはボツにしているんです。すっごくくたびれているときでも、無理なくできるかどうかを見ています。リュウジさんはどのくらい試作されていますか？

**リュウジ** ほぼ一発ですね。基本的には、作る前から味の構造が頭の中で組み上がっています。

## レシピでわかる調理法への姿勢

**今井** そうしたらブリを蒸しましょう。ブリから出てきたお水を、キッチンペーパーでしっかり拭き取ります。拭き終わったら強火で、7~8分蒸していきます。

**リュウジ** へえええ！　強火なんですね。

**今井** 表面が白くなってきたら食べごろです。つやつやになるんですよ。

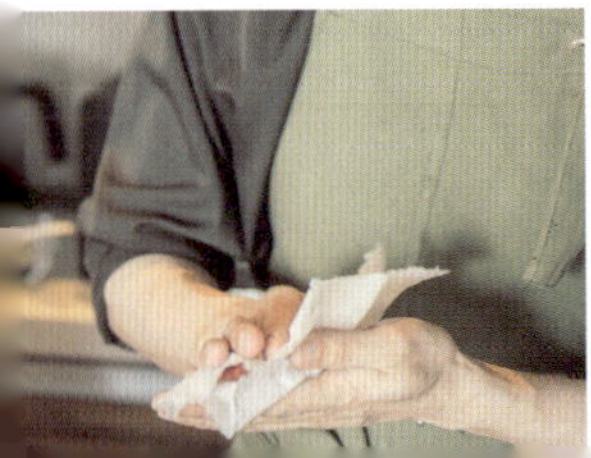

**リュウジ**　フライパンで蒸しても？

**今井**　大丈夫です。ただ、フライパンで蒸すと、蒸気が下に逃げやすいので、せいろがある場合はせいろを使うほうが良いです。一切れくらいなら電子レンジでも大丈夫です。昔、一人暮らしをしていたころは、レンジでチンして食べていました。

**リュウジ**　今井さんはいつから料理の仕事をされているんですか？

**今井**　10年以上前からですね。名前を出して発信し始めたのは2020年からです。

**リュウジ**　今井さんのレシピからは、相当料理をやっていらっしゃる方だというのが、伝わってくるんです。調理法が独特ですよね。ブリは、一般的には焼いたり煮たりというレシピが多くて、あまり蒸さないと思うんです。「調理法で魅せたい」という思いをかなり持ってらっしゃるんだろうと感じました。ブリを蒸したり、イカで鍋を作ったり。オリジナリティに溢れたレシピばかりで、考えるの大変じゃないかなって。

**今井**　……泣いてしまいそう。

**リュウジ**　えっ！

**今井**　やっててよかったなって。一生分ほめられた気がします。まさに、この素材に対してこういう調理法をするんだ！って、新しい視点や手法を見つけたいんですよ。

## ないものを持っている お互いへの憧れ

**リュウジ**　ふわっふわ！　レタスめっちゃう

まいですね。お魚とすごい合う。僕の考え方とは違う、僕が作らないレシピ。自分のレシピではわりと味を強めにつけているんですけど、こういう素材そのままの味を生かすような料理もすごい好きなんですよね。

**今井** 私はいつもリュウジさんのYouTubeを見ていますよ。すごく勉強になっています。これはなぜこうするのか、どうして必要なのかなどを、ちゃんとみんなに伝えていこうとされていて、一品一品をすごく大切にされていると感じます。

**リュウジ** 今井さんはなにか展望は？

**今井** 展望、というのは特にないかもしれません。ずっと生活の延長にいる感じです。ただ、自分にできることはすごく限られているので、その中で、みなさんにいいなと感じてもらえている料理のテイストを、大事にしていきたいとはずっと思っています。あと、旬のものを大切にしたいです。

**リュウジ** 変えないのって大事だと思います。僕は結構変えていくタイプですけど。

**今井** 私はリュウジさんに憧れます。自分が絶対できないことをしている憧れ。

**リュウジ** 僕の場合は、「みんなに料理をしてほしい」「まずは始めてほしい」という目的でやっているから、それを追求すると、このやり方しかないんですよね。

**今井** 料理ができるようになると自由になりますよね。思い立ったらすぐに取りかかれて、失敗しても食べてしまえば残らない。一方で自分の作品にもなる。お料理がすばらしいってことは私も伝えていきたいです。

recipe trade 8

リュウジのレシピ

# 至高のハヤシライス

## 材料（4人分）

・牛肉薄切り…350g
・玉ねぎ…1個
・マッシュルーム…1パック
・にんにく…1片
・バター…30g
・薄力粉…大さじ2と½
・ケチャップ…大さじ6
・赤ワイン…200cc
・ウスターソース…大さじ3
・水…400cc
・コンソメ…大さじ1
☆お好みで
・生クリーム…適量
（コーヒーフレッシュなどで代用可能）
・乾燥パセリ…適量
・薄力粉（肉の下処理用）…大さじ1
※塩…適量（玉ねぎを炒める際）
※塩こしょう…適量

## 作り方

1 玉ねぎを1㎝くらいの輪切りにし、ほぐしておく。
2 マッシュルームは、石づきを切ってスライスする。
3 にんにくは皮と底の部分と芯を取り除いておく。
4 牛肉は適量の塩こしょうで下味をつけてから、薄力粉を馴染ませて下処理する。
5 フライパンにバターを熱し、溶けてきたら牛肉をほぐしながら入れ、強火で焼き色をつけていく。
6 牛肉に焼き色がついたら、一旦取り出す。
7 残った油で玉ねぎを炒め、塩を加える。
8 玉ねぎにあらかた火が通ったら、マッシュルームを加え炒める。
9 薄力粉を加え、中火でよく炒める。
10 ケチャップを加え、酸味を飛ばすためにケチャップの水気がなくなりトロトロになるまでよく炒める。
11 ケチャップの水気がなくなってきたら赤ワインを加え、アルコールを飛ばしながら強火で数分煮る（3分程）。
12 ある程度酸味が飛んできたら、先ほど火を通した牛肉を戻す。
13 水とコンソメ、おろしたにんにく、ウスターソースを加え、強火で煮込む（15分程）。
14 とろみがついたら、盛り付けて完成。

## にんにくは煮込むタイミングで入れるのが肝

**リュウジ** まずは玉ねぎを輪切りにして、マッシュルームをスライスにしましょう。僕は、うまみづけでマッシュルームを使うことが多いんです。グアニル酸が豊富に含まれているから、そこにトマトケチャップを入れるとグルタミン酸が加わるので……

**今井** うまみたっぷりで、ごはんがすすむ！

**リュウジ** そう、かなりうまみをつけたほうが、初めて食べる人にはわかりやすいから。次に、にんにくをすりおろします。カレーとかも、最後におろしを入れるっていう手法をやるんです。炒めないで、煮込むときに入れる。

**今井** おもしろい！　後出しでパンチをつけるんですね。

**リュウジ** 途中から入れるのと最初から入れるのとだと、香りの付き方がぜんぜん違うんです。炒めてから煮ると、香ばしさだけが残って、香りが薄くなってしまう。バラの牛肉を適当な大きさに分けて、塩こしょうと薄力粉をまぶします。薄力粉をまぶすことによって、お肉に水分をもたせるんです。

**今井** 保水させる！　こういうふうに、教えてもらいながらやるのって初めてです。

**リュウジ** 発見がありますよね。下ごしらえが終わったら、火をつけます。まずはバターを入れて牛肉を強火で炒めてください。炒めて一度取り出す感じです。外側に香ば

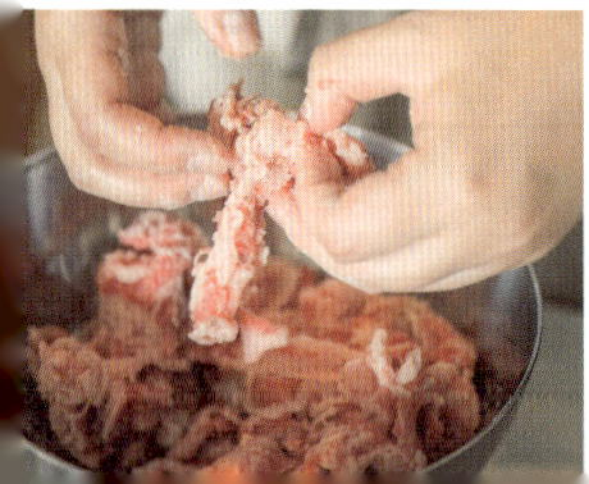

しさをつけるのがポイントなので、中まで完全に火が通らなくても大丈夫です。次は玉ねぎを、ばらばらにしながら入れていきます。よく「飴色になるまで炒める」って言いますけど、あえてそうはしません。ほくっと感を出したいので。軽く焦げ目がついたら、お塩をちょっと入れます。次にマッシュルームを入れるんですが、薄力粉を入れて、一緒に炒めていく感じですね。

**今井** 粉を焼く感じですか？

**リュウジ** そうです！

## 酸味を許さない人間だった頃

**リュウジ** 馴染んできたらケチャップを入れて、がっつり炒めちゃいます。

**今井** ケチャップにも火を通すんですね。

**リュウジ** 火を通すことで酸味を抜くんです。今、酢のふわっときている香りが弱くなるまでしっかり炒めます。ここが肝。火は強火で大丈夫です。ケチャップはそのままだとすっぱいので、火を通してお酢をがっと飛ばしています。そうすると、甘みと旨味だけ残って、トマトペーストを使ったような味になるんです。

**今井** こんなにしっかり炒めているのに、玉ねぎが煮崩れてませんね。あの大きさで切っていた意味がわかりました。

**リュウジ** でも、とろっともするんです。ケチャップが落ち着いたら、次は赤ワインを入れて、赤ワインの酸味も飛ばしちゃいます。このレシピを作った頃の僕は、酸味を

許さない人間だったので、徹底的に飛ばしちゃうんですよね。火は結構強くて大丈夫です。ワインを入れると、まわりの焦付きがぜんぶ剥がれると思います。

**今井** わっ、すごい。アルコールがどばっと飛んできます。いいにおい！ 黒っぽいです。高級感のあるハヤシライスの色！

**リュウジ** そしたらお肉をもどしてお水とウスターソースとコンソメも入れちゃいます。ウスターのなかには複数のスパイスが含まれているので、入れるだけで複雑な味がでるんです。あとはにんにくを入れて、強火で10分から15分。たまに混ぜながら、煮ていきます。

**今井** 全然難しいことはないのに、めっちゃ凝っている感じがしますね。煮込み料理って難しいイメージがあるけど、これだったら、おうちにある調味料でできますね。

**リュウジ** バルサミコも使わないですしね。

**今井** でも、本当は使いたいんじゃないですか？ バルサミコ。

**リュウジ** 使いたいです。バルサミコの酸味をがんがん飛ばしてとろみをつけたい！ 煮込んだら、味見して塩気のバランスがOKであればこれで完成です。

## 料理をしているうちに好き嫌いを克服できた

**今井** いただきま～す！ すごくおいしい！ 甘いですね。ざくざく感があってめっちゃ香ばしい。あんなに入れたケチャップが、入っている感じがしない。

**リュウジ** このレシピは3、4年前に作ったものなんですが、そのころは僕、お酢を使った料理のレパートリーがほぼなかったんですよ。でも、いろいろ酢を使ったレシピを試していくうちに、大丈夫になってきたんです。今井さんは食べられないものってありますか？

**今井** 今はないですね。昔は野菜が苦手だったんですけど、克服しました。夫の実家が農家で、たくさん野菜をいただくので、おいしく食べる方法を見つけていきました。

**リュウジ** まだ一般化していない食材や調味料で、目をつけているものありますか？

**今井** ラム肉ですね。以前に比べると需要は増えましたが、もっと増やしたいです。

**リュウジ** ラム肉、僕も大好きです！ 僕は低温調理器をもっと広めたいです。今、国産のものもどんどん増えていて。

**今井** 私も低温調理器に憧れて、オーブンで低温調理をするようになりました。100度で90分かけてお肉を焼いています。私は家を出たり入ったりが激しいので、オーブンに食材を仕込んでから出かけて、戻ってくるまでの間にじっくり焼いておいてもらう……というのをよくやります。

**リュウジ** 作っている間にほかのことができるのっていいですよね。

**今井** 生肉も、買ってきたらそのまま、味付けせずに放り込んで素焼きしています。そうすれば、冷蔵庫で数日保存できるので。味はあとで食べるときにつけるんです。

**リュウジ** めずらしい調理法ですね！

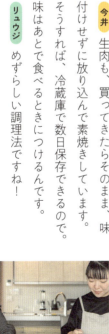

今井真実のレシピポイント

## 蒸しブリ

- ブリのうろこは、**包丁の歯でこする**。こするのがめんどくさい場合には、**ジャッとお湯をかける**と、うろこが浮いてすっきりした味になる。
- うろこを取り終わったら、**ブリの両面にお塩とお酒をかける**と、臭みが取れる。塩でしょっぱくなりすぎたら、お酢をかければOK！
- レタスは付け合わせなので、**好きな分だけ**。
- ブリから出てきたお水を**しっかり拭き取り**、強火で蒸す。

リュウジのレシピポイント

## 至高のハヤシライス

- すりおろしたにんにくは、**炒めずに煮込むときに入れる**。
- バラの牛肉に**薄力粉をまぶす**ことで、お肉に水分をもたせる。
- 牛肉を炒めるときは**中まで火が通らなくてOK**、玉ねぎも軽く**焦げ目がつくくらい**に。
- ケチャップに火を通して**酸味を抜く**ことで、トマトペーストに！
- ワインを入れると、**まわりの焦付きがぜんぶ剥がれる**。

recipe trade

9

# シンプルだけど、計算し尽くされたレシピトレード

料理人 稲田俊輔 × リュウジ

稲田俊輔のレシピ
「**スパムで！ ポークビンダルー**」

リュウジのレシピ
「**至高のビール煮**」

稲田俊輔のレシピ

# スパムで！ポークビンダルー

**材料（2人分）**

・スパム（角切り）…⅓缶分（110g）
・**基本のマサラ**（下記参照）…2人分
・ガラムマサラ…2g
・トマトケチャップ…30g
・米酢…15g
・スープの素（顆粒）…3g
・水…80g

**作り方**

1. フライパンにすべての材料を入れ、ひと煮立ちさせる。（仕上がり目安は400g）

## 基本のマサラ

**材料（2人分）**

・玉ねぎ（粗みじん切り）…120g
・おろしにんにく…4g
・おろししょうが…4g
・塩…2g
・サラダ油…30g
・トマト水煮缶…60g
・基本のミックススパイス…8g
（コリアンダーパウダー5：クミンパウダー1：ターメリックパウダー1：赤唐辛子パウダー1）

**作り方**

1. フライパンをはかりにのせ、玉ねぎからサラダ油までの材料を直接計量する。
2. 強火にかけ、ヘラで混ぜながら30秒炒める。
3. 全体がなじみ、ジュージューという音がし始めたら弱火にし、ふたを閉めて5分放置。
4. ふたをはずして再びはかりにのせて、トマト水煮缶と基本のミックススパイスを計量する。
5. 強火にかけ、全体がなじんで表面にじわっとオイルが浮いてくるまで30秒炒めたらできあがり。

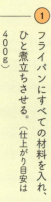

## たった一つのコツは、重さを量ること

**稲田** カレーなのに、煮込み時間がほぼゼロの衝撃的なレシピです。インドカレーは、味と香りの骨格になる、いわばカレーの素を作っておけば、いかようにも応用できるんです。そんなわけで、まずはカレーの素になる「基本のマサラ」を作っていきます。工程がシンプルなかわりに一つだけ絶対に押さえて欲しいコツがあります。それは、材料と仕上がりの重さを必ず計量すること。多くの人がレシピ通りに再現できるようにと考えると、グラムで管理するのが一番いいんですよね。まず、はかりの上にフライパンを置いて、玉ねぎが120gになるまでみじん切りをのせていきます。で、そこににんにくとしょうがものせちゃいます。チューブのもので大丈夫です。

**リュウジ** 玉ねぎとしょうが、にんにくは全部一緒に火にかけるんですね。

**稲田** はい。さらにここに、塩2gとサラダ油30gを加えます。玉ねぎの量で、油の量が決まる感じで、最低でも玉ねぎの量の4分の1は入れたいですね。インドカレーにとっての油は、くっつかないための潤滑油ではなく、スパイスの香りをそこに溶かし込む、香味油のような役割があるんです。

**リュウジ** 火は強火で大丈夫でしょうか。

**稲田** 大丈夫です。じゅうじゅうと音がするくらいまでフライパンの温度が上がったら、火を弱めてふたをして、5分放置して

ください。

**リュウジ** 炒め時間が少ない！　玉ねぎが透き通るくらいでいいんですね。

**稲田** 表面に油が浮いてきたらもう大丈夫です。カレーの玉ねぎって、本場のインドでは強火で焦がしていくような感じで炒めるんです。材料の重さを量るときはフライパンごと量ります。はかりが溶けないように鍋敷きを敷いて、その上にフライパンを置いて。トマト缶60gとスパイスを入れちゃってください。コリアンダーが5gで、その他は全部1gです。今回のように短時間で作るカレーは、コリアンダーパウダーを入れると自然にとろみがつきます。

**リュウジ** ターメリックは色付けですか？

**稲田** ですね。それと、インドカレーらしい「大地の香り」を出すために。そうしたら、再びフライパンをコンロに戻して、炒めていきます。あんまり火が強すぎると、油が浮いてくる前に焦げてしまう可能性があるので気をつけて。全体が混ざったら、少し押し広げるようにしたあと、焦げない程度に混ぜるのを我慢していると、表面がきらっとします。これが、スパイスがオイルに溶け込むという現象が起きたサインなんです。パウダーのスパイスって、半分冬眠している状態なんで、熱で叩き起こさないといけないんですよ。

　さあ、これで「基本のマサラ」が完成しました。冷凍保存もできるので、これさえ作っておけば、5分でカレーが作れます。

## ケチャップと本式ビンダルーの共通点とは？

**稲田** ポークビンダルーというのは本来、非常に手間のかかる料理なんですが、それをスパムを使いつつ手軽にやっちゃいましょうというのが今回のレシピです。切ったスパムをフライパンに入れたら、他の材料も入れていきましょうか。まずはエスビーの「ロイヤルマサラ」。名前が違いますが、実質ガラムマサラです。

**リュウジ** ガラムマサラって商品ごとに結構香りが違いますよね。僕はいつもギャバンのを使っています。エスビーのものはそれよりも辛いんですか？

**稲田** ギャバンのものは、どっしりとしたクラシックな感じ。エスビーのロイヤルマサラは現代的な香りがするんですよ。で、米酢を15g入れます。僕、基本的に穀物酢は使わないんです。このレシピは短時間で作るので、元々酸味がまろやかな米酢を使うのが良いんです。あと、トマトケチャップも入れます。

**リュウジ** ここでトマトケチャップ！

**稲田** 本式で作ったときの出来上がりが、高級トマトケチャップのようなフレーバーなんです。また、本式のポークビンダルーの重要な要素の中に、クローブとシナモンがあるんですが、実はトマトケチャップに入っているスパイスってほぼクローブとシナモンなんですよ。あとは顆粒スープを3gとお水を入れて、全体がぐつぐつする

まで混ぜながら、溶かしこんでいってください。ふたはしなくてOKです。冒頭で「グラムで管理する」とお伝えしていましたが、このレシピの場合、仕上がりの目安を400gにしています。重さを量れば、仕上がりのタイミングがわかるんです。ちなみに僕、家にあるすべての鍋の重さを記録してあります。味がぶれるということは、煮詰めすぎているか、水分が多いかのいずれかであることが多いので。

リュウジ 全部意味があるんですね！

## 塩と酸味のバランスが絶妙だから食べやすい

リュウジ おーーー！ めちゃくちゃうまい！ 今まで僕が食べてきたカレーと全然違いますね。酸味と甘さの両方がある。僕の発想では絶対生まれないレシピ。塩がきいているので酸味がそこまで気にならないというか、バランスがいいんですよ。

稲田 酸味は、塩をきかせないと浮いちゃうんですよね。ちなみに本来インド料理は、酸味を使うのがすごく上手なんですよ。

リュウジ え！ そのイメージはなかったです。現地には酸味がたったカレーが結構あるんですか？

稲田 彼ら、日本でお店をやるときには封印してしまっているんですけど、酸味の魔術師なんですよ。例えば、インドのヨーグルトは日本のヨーグルトよりも基本的にすっぱいんですよ。

リュウジのレシピ

# 至高のビール煮

**材料（2人前）**

・豚ロースかたまり肉（バラブロックなどでも可）…400g
・玉ねぎ…1個（250gほど）
・にんにく…2片
・ビール（350cc）…1缶
・コンソメ…小さじ1と½
・オリーブオイル…大さじ1くらい
・塩こしょう（肉の下処理用）…適量
・塩（玉ねぎを炒める際に）…ひとつまみほど
☆仕上げに
・黒こしょう…適量
・乾燥パセリ…適量
・わさび…適量

**作り方**

1 玉ねぎをスライスする。
2 にんにくは皮を剥いて芯を取り除き、スライスにする。
3 豚ロースは4等分（もしくは2等分）にする。
4 フライパンにオリーブオイルをひく。
5 豚ロースに塩こしょうをふる。
6 フライパンが温まったら豚ロースを入れ、焼き目をつける。
7 焼き目がついたら、一旦豚肉を取り出す。
8 玉ねぎを炒める。（炒める前にレンジで加熱しておくと時短になる）
9 塩（ひとつまみ）を入れ、飴色くらいになるまで炒める。
10 玉ねぎに色がついてきたら、にんにくを入れてさらに炒める。
11 玉ねぎが飴色くらいになったら、フライパンに豚肉を戻し、ビールを加える。
12 コンソメを加えて沸騰させ、ふたをして弱火で小一時間煮込む。
13 器に盛って、黒こしょうとパセリをかけたらわさびを添えて完成。

## 「肉食ってる感」の出るシンプルな煮込み

**稲田** このレシピ、肉がぷりっと大きめというのがいいですよね。

**リュウジ** 「肉食ってる感」を演出したかったんですよ。ちなみに僕はこういう煮込み系の料理で、片栗粉とか小麦粉をまぶすこともあるんですが、今回はあえて使わないようにしています。

**稲田** 肉をそのまま、こんがり焼きたい感じなんですね。

**リュウジ** あと、玉ねぎで結構とろみがつくんで、そこをいただきたいなと。

**稲田** インドカレーと同じですね。

**リュウジ** 本当ですか！　確かにインドカレーって粉を打たないですね。

**稲田** そうなんですよ。（と言いつつ、手際よくお肉を焼き始める）

**リュウジ** おお、僕が何も言わずとも進む！

**稲田** 一応ほら、緊張して予習してきているので（笑）。（肉を焼きつつ玉ねぎをスライスしながら）玉ねぎはこれを全部使っちゃっても良い感じですか？

**リュウジ** はい。玉ねぎは多めに入れてもおいしいので大丈夫です。……段取りがいい！　稲田さんはすべて理解してここに臨んでくれている……。

**稲田** まじめな小心者なんですよ。

**リュウジ** 料理人の手さばきですよね。稲田さんの手さばきを、テロップだけついているような映像でずっと見ていたい。

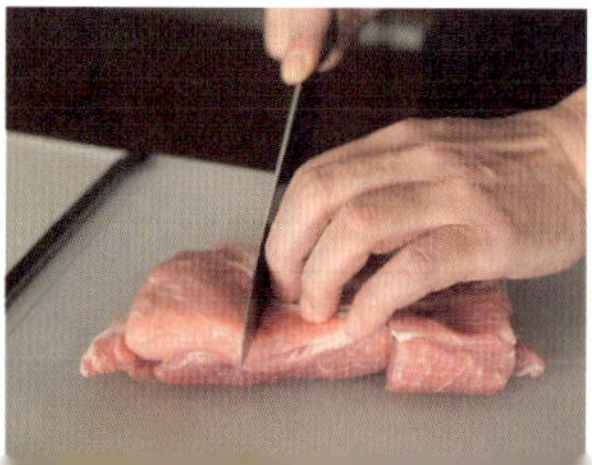

稲田　肉に焼き目がついたら、一旦取り出して、次は玉ねぎと塩を入れて炒める感じですかね。

リュウジ　はい。玉ねぎには結構がっつり色をつけていきます。にんにくは玉ねぎが色づく前に入れると焦げちゃうから、後から入れるスタイルです。ちなみに今、稲田さんはかなり強火でやっています。もう既に底の方の玉ねぎがかなり茶色くなっていますが、あまり動かさずに焼き付けていくと、こういう色が出るんです。フライパンの底に貼り付けるような感じでやっていらっしゃる。焼いて返して焼いて返して。

稲田　解説されている……こういうパターン初めてだ！　ビールの種類にこだわりは？

リュウジ　僕自身はキリンのビールがいいと思っています。ただ、なかには「ビールっぽい味になりすぎてしまった」という感想を持つ人もいましたね。料理って本当に好みによるところが大きくて。

稲田　そうなんですよ。僕は苦いの上等、という感じで好きなんですけど、僕のような強火で炒めるやり方でやると、苦すぎると感じる人もいると思います。……玉ねぎ炒め終わりました！

リュウジ　早いですね！　そうしたら、フライパンに豚肉を戻して、ビールを入れます。一缶使い切ります。沸騰したら、火を少し弱めてふたをして、1時間ほど煮込んでいく感じです。ところで稲田さんは、料理を始めた頃からインド料理をやっていたんで

すか？

稲田 いや、最初はイタリアンをやっていたんですが、そのあとすぐ和食がメインになって。インド料理をやり始めたのは料理人になって7、8年くらい経ってからです。

リュウジ 一通りの料理をやってきているんですね。

～40分後～

リュウジ ぼちぼちいい感じですね。

稲田 これで盛り付けちゃいましょう。

## 誰でもつくれるレシピのホスピタリティ

稲田 おお、ほろっとしている。うまい！ この手間でこの味が作れるっていいですね。

ビールを使う必然性もしっかりありますよね。ちなみにわさびをつけ添えにするのは、完成した後、食べているときに思いついたんですか？

リュウジ そうです。これはわさびが合うだろうって思って。

稲田 こういう煮込み系の料理にわさびを合わせるの、いいですね。狙ったわけじゃないけど、歯ごたえあるくらいのほうが、肉を食べている感じがしっかりあってちょうどいいかも。

リュウジ 個人個人の好みや火力などの環境で少しずつ違うから、微調整してもらえたら、本当はいいんですよね。

稲田 リュウジさんの使命として、シンプルに「1時間煮込みます！」みたいに言い

切りたいジレンマがありそうですね。

**リュウジ** 煮詰まり具合を見ながらこうやってみてくださいね、と言ってもいいんだけど、それってある程度料理を作れる人たちのステップであって。慣れていない人にとっては、難易度が高すぎてしまうと思うんですよね。難しいところですね。レシピに対するホスピタリティといいますか……。

**稲田** リュウジさんの立場ゆえの難しさってありますよね。優雅に泳いでいるように見えるけど、水面では足をばたばたさせている。大変だと思います。

**リュウジ** そう言ってもらえるだけでもすごく救われます。料理界全体がよくなっていったらいいと思っているんですけど、結構勘違いされがちなんですよね。料理人の方にけっこう共演を嫌がられたり……。

**稲田** 僕は正直、嫌がる人の気持ちもわかります（笑）。今まで自分が目を背けてきた部分に光を当てる人が出てきた怖さがあるんだと思うんですよ。パンドラの箱を開ける人が出てきたぞって。

**リュウジ** もしかしたら稲田さんも、あの見せ方はどうなんだとか思っているかもしれないですが、今回共演していただけただけでうれしいです。

**稲田** いやいやいや、いろんな人に自慢しちゃいますよ。あと、レシピを再現度高く作ることで「自分、おいしい料理作れるじゃん！」って感じてほしいという気持ちは同じだと思います。

稲田俊介のレシピポイント

## スパムで！ ポークビンダルー

- **材料と仕上がりの重さを必ず計量する**。材料の重さをはかるときは**フライパンごと**量る。油は、最低でも**玉ねぎの量の４分の１**は入れる。
- スパイスを炒めるとき、焦げない程度に混ぜるのを我慢していると、**表面がきらっとしてくる**。これが、スパイスがオイルに溶け込むという現象が起きたサイン。
- お酢は穀物酢より**米酢**がおすすめ。

リュウジのレシピポイント

## 至高のビール煮

- 「肉食ってる感」を意識するため、**片栗粉や小麦粉は使わない**。
- 焦げるのを防ぐために、**にんにくは玉ねぎを炒めた後**に入れる。

recipe trade

10

# 凝って凝って「やってやったぞ！」感満点のレシピトレード

お笑い芸人

## こがけん

×

## リュウジ

こがけんのレシピ
「**鶏とゴルゴンゾーラのコルドン・ブルー**」

リュウジのレシピ「**至高のポトフ**」

recipe trade 10

こがけんのレシピ

# 鶏とゴルゴンゾーラのコルドン・ブルー

## 材料（2人分）

・鶏むね肉…1枚
・塩…少々
・白こしょう…少々
・ゴルゴンゾーラチーズ…適量
・とろけるスライスチーズ
…3枚くらい（モッツァレラがベスト）
・生ハム…4〜6枚
・バジルの葉…3〜4枚
・卵…1個
・小麦粉…適量
・パン粉…適量

**【はちみつ柚子こしょうソース】**

・はちみつ…40g
・柚子こしょう…10g
・塩…小さじ½
・醤油…小さじ⅓
・レモン汁…8g

☆飾り

・イタリアンパセリ、もしくはクレソン

## 作り方

1. ソースの材料を全部混ぜておく。
2. 鶏むね肉の皮を取り、なるべく細かい筋も排除する。
3. 鶏むね肉を二つに切り分ける。
4. 鶏むね肉を平らになるよう切り開いて、包丁で何箇所か突いておき、表裏に塩こしょうをふる。
5. 開いた鶏むね肉の上に大きめのラップを広げ、麺棒などで叩いてのばす。
6. 平べったくなった鶏むね肉の片側に生ハムを広げてのせる。
7. スライスチーズを4分割して重ね、ぎゅっと固める。⑥の生ハムをのせたところに、スライスチーズとゴルゴンゾーラを同量ずつのせる。その上にさらに生ハムをのせる（生ハムでチーズをサンドする）。
8. バジルの葉をちぎって、鶏むね肉の上に散らす。
9. 具材を包むように鶏むね肉を半分に折って、揚げやすいように形を整える。小麦粉、溶いた卵、パン粉の順でそれぞれしっかりつける。
10. 170〜180度の油で、まず片面5分揚げる。5分経ったら、トングで裏返して5分揚げる。
11. 最後に30秒ほど、温度を上げてできあがり。盛り付けて、ソースを添える。

## 新料理を披露することを「新ネタ」と呼ぶ

**リュウジ**　この企画のために考えてくれたレシピだと聞いて僕、びっくりしました。

**こがけん**　プロの料理家の方は、こんなにガチガチに気合いの入った料理はあえて持ってこないと思うんですよ。だけど自分は、袖まくりする勢いで持っていってもいいんじゃないかと思って。あと、新しい料理を披露するときは、その料理を「新ネタ」と呼んでいます。ではまず、最初に「はちみつ柚子こしょうソース」を作っちゃいましょうか！　柚子こしょう、はちみつ、塩、醤油、レモン汁を合わせて作ります。柚子こしょうは製品ごとに塩加減が異なるんですが、瓶詰めタイプがベスト。最初はあまり入れずに味を見ながら足していきます。

**リュウジ**　この時点でソースが超うまい！

**こがけん**　次は鶏むね肉の筋を取り、平行四辺形を二つ作るようなイメージで切り分けます。さらに、それぞれの内側に切り込みを入れて観音開きにします。

**リュウジ**　こんな切り方、したことない！

**こがけん**　次は塩こしょうを振るんですが、コルドン・ブルーには白こしょうが合うと思っているんです。塩こしょうをしたら、鶏肉の上にラップを置いて、その上から麺棒で叩いて薄い長方形にします。断面が1㎝弱になるくらい。鶏肉が平べったくなったら生ハムを2枚ほど片側にのせます。それで、この上にチーズをのせていくんで

すが、まずはモッツァレラのスライスを3枚全部開けちゃいます。本当はブロック状のものを使いたいんですけどなかなか売っていないので、重ねてぎゅっと固めることで、ブロックを自分で作っちゃうんです。3枚のチーズを重ねて4等分したら、それを全部ひとまとめにします。

**リュウジ** ほー！　これを！

**こがけん** さらにゴルゴンゾーラチーズものつけます。生ハムのふちの部分をのりしろのように残しつつ、二つのチーズをのせてほしいです。チーズをのせたら生ハムで包むんですけど、包んだときにチーズが全部隠れるといい感じ。難しいんですけど、生ハムのふちを折っちゃうと失敗が少ないです。包み終わったらバジルの葉っぱをちぎって、お肉に散らします。あとは小麦粉と溶いた卵、パン粉を、中身が流出しないよう、しっかりめにつけて揚げていきます。

**リュウジ** 久々にがっつり料理を作ってる感触がありますね。僕、今日が人生初コルドン・ブルーです。

**こがけん** 自分も、普段はまず作らない（笑）。でも「コルドン・ブルー作った！」って言いたい人はきっとたくさんいるはずだから、そんなに難しくないんだよってことは伝えたいです。

## 料理につい話しかけてしまう

**リュウジ** ちなみにこれは揚げるとき、半身浴（揚げるものが半分浸るくらいの油で揚

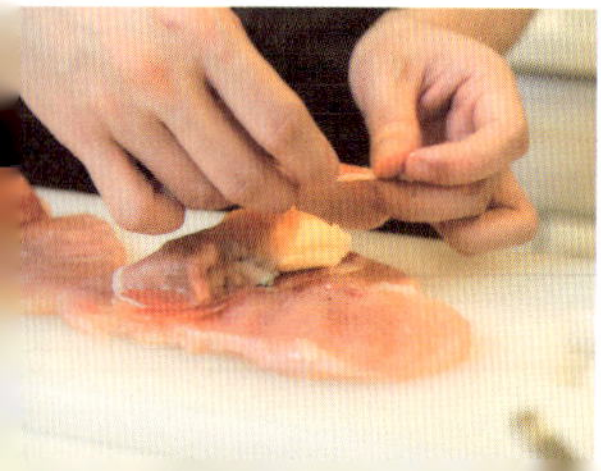

げる）でいいんですか？

**こがけん** はい！　家庭でやるときはこのほうが爆発が防げるんです。

**リュウジ** 僕もこのやり方でよく揚げ物をしています。家庭だと油がもったいないと感じる方も多いですし、このやり方はすごくいいですよね。こがけんさんは、さっきのスライスチーズの活用法もそうだけど、揚げ方一つとっても、家庭でやりやすい方法に落とし込んでくれていますよね。

**こがけん** リュウジさんは、料理の基本を熟知した上で思い切ったアレンジを加えていますよね。僕の周りの板前さん達は、「基礎ができていなかったらあんな風には崩せない」って言っています。プロの料理人達からめちゃくちゃ好かれてると思うんです。見ていて気持ちがいいレシピですから。

**リュウジ** えぇっ。すごいうれしいな！

**こがけん** レシピには人柄が出ますから。わーきれいに揚がったなぁ～～。料理人あるあるで、ふと料理にしゃべりかけていることってあるんですよね。変な人だと思われているかもしれません。

**リュウジ** 僕もあります！　料理だけど作品でもありますからね。

## 料理を始めた頃のわくわく感を発信する

**こがけん** チーズ、食べる場所によってゴルゴンゾーラが多いところとモッツァレラが多いところがあるのがまたいいんですよ。

**リュウジ** うま！！！！！　これはしばら

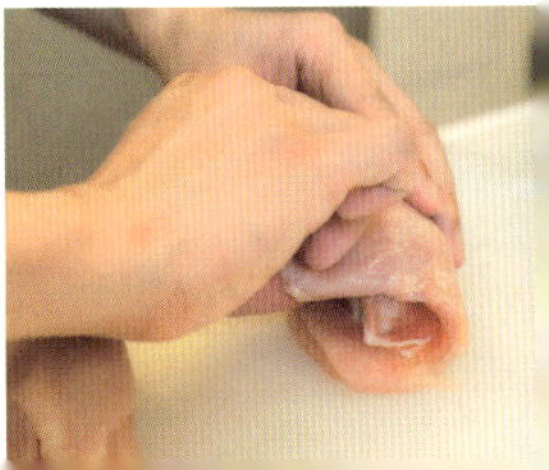

く触れていなかった味ですね。チキンの柔らかさもすごくいい。というか、もうとにかくソースがすっごい。こがけんさん、なんでこんな技を持っているんですか！

**こがけん** オーソドックスなコルドン・ブルーだと味の想像がついてしまうから、もうワンパンチ欲しいなと考えました。

**リュウジ** いや、もう本当にこれはめちゃくちゃうまいですよ……。レモンの酸味もすごくいいし。僕、このソースを早速真似すると思います。

**こがけん** ところで僕、リュウジさんは、料理を作り始めた頃に感じていたような、作ってみたら一体どうなるんだろうっていうわくわく感をずっと発信しつづけている人だと思っているんです。たとえ料理を思うように作れなくて自責の念にかられていたとしても、酔っ払いながら料理をするリュウジさんの姿を見て、救われたって感じている人はたくさんいると思うんですよね。

**リュウジ** ……こんなに僕について語ってくれる人がいるなんて。

**こがけん** それから、リュウジさんがSNSで真剣な投稿をするときは8割方お酒が入っているときだと僕は思っているんです。

**リュウジ** そうですね（笑）。あーやっちゃったって思います。やっちゃったなぁ、でもバズっているな……みたいな。

**こがけん** そういうところが信用できるんです。好感しか持てないじゃないですか。それに、酒飲みはうまい料理を作るっていうことを立証してくれましたし。

リュウジのレシピ

# 至高のポトフ

## 材料（4人分）

・キャベツ…½玉
・じゃがいも…300g
・にんじん…300g
・玉ねぎ…1個
・ベーコン
…200〜220gほど
・にんにく…3個
・オリーブオイル…適量
・コンソメ…大さじ1
・水…1400cc
・塩…小さじ1弱

## 作り方

1. キャベツは芯を切り落とし、8等分にする。
2. 玉ねぎは頭を切り落として皮をむき、8等分にする。お尻は茶色い部分だけを削ぎ落とし、芯は残しておく。
3. じゃがいもは4等分にする。表面をたわしで洗い、芽があったら取り除いておく。
4. にんじんは洗って先を切り落とし、8等分にする。（4等分してから縦に割る）
5. ベーコンは1cm幅に切る。
6. フライパンにオリーブオイルを熱し、キャベツを焼いて両面に焦げ目をつける。中に火を通すのではなく、強火で焦げ目をつける。両面焼けたら、キャベツを鍋に入れておく。
7. フライパンに再度オリーブオイルを熱し、にんじんを焼いて片面に焦げ目をつける。
8. じゃがいもと玉ねぎも同様に焼き、焦げ目をつける。じゃがいもは片面、玉ねぎは両面に焦げ目をつける。焦げ目がついたものから、鍋に入れておく。
9. ベーコンを焼いて両面に焦げ目をつける。ベーコンの脂身をスープに加えたいので、最後に焼く。焦げ目がついたら、鍋に入れておく。
10. にんにくはお尻を切り落とし、潰しておく。にんにくをオリーブオイルで炒め、香りを出す。色がついたら、鍋に入れておく。
11. 水をフライパンに入れ、鍋に移す。
12. コンソメと塩を入れる。
13. ふたをせずに沸騰させる。沸騰したら弱火にしてふたをし、30分煮込む。
14. 味見して水分や塩を足すなど、好みに合わせて調整する。
15. お皿に盛りつけて完成。

## 焼いてから煮込むとでる野菜のいい出汁

**リュウジ** 早速ポトフを作っていきましょうか。まずはキャベツを8等分にします。レシピには「芯を切り落とす」って書いてあるけど、切り落とさなくても大丈夫です。次ににんじんですが、煮込むと皮までほろほろになるので、皮はむかないで大丈夫です。4等分にしてから縦割りにします。じゃがいもは、新じゃがでない場合は皮をむいてください。

**こがけん** 何かコツはありますか？

**リュウジ** ポトフって切ってそのまま煮ることが多いと思うんですけど、このレシピでは食材を一旦全部、焼き目がつくまでしっかり焼いてから煮込んでいきます。にんじんを縦割りにしていたのも焦げ目がつく面を増やすためなんです。焼くとその分時間はかかっちゃうんですが、焦げ目がついたお野菜からはすごくいい出汁がでるし香りもいいんですよね。

**こがけん** 僕、今までポトフのことをちゃんと考えてこなかったのかもしれません。

**リュウジ** ある程度野菜を切ったら、切るのと並行して焼いていっちゃいましょうか。フライパンにオリーブオイルを引いて、焼き目をしっかりつけたら鍋に移動させます。僕はいつもキャベツからやります。ちなみにこの野菜を焦がして旨味を出す方法は、実はスープ作家の有賀薫さんに教わりました。（P12参照）

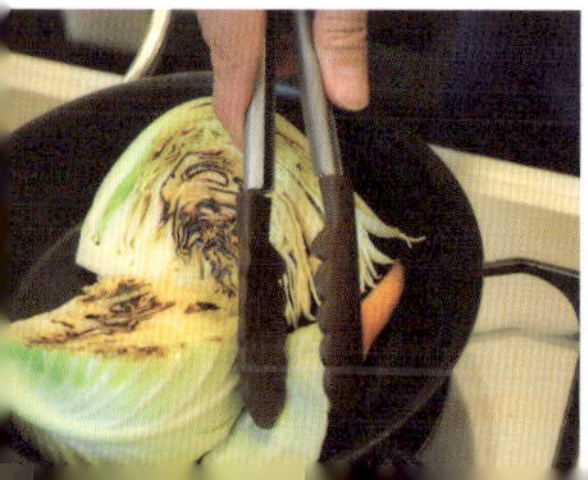

**こがけん** 料理って、例えばこういう工夫についても、工程としてはシンプルに「焼く」だけではあるんです。でもその「焼くだけ」がなかなかひらめかないんですよね。

**リュウジ** ほんの一手間で旨味が出たり味が変わったりする、そこが料理のおもしろさですよね。こがけんさんは料理を作るときに気をつけていることはありますか？

**こがけん** 難しいキーワードはあんまり言わないようにしています。

**リュウジ** 僕の場合は、お酒飲みながらやってるじゃないですか。見ている人たちはきっと「この人本当に大丈夫？」って感じると思うんです。だから、ちゃんと考えてますよっていうことを示すために真面目な説明を盛り込むことがありますね。

さて、あとは水と塩、コンソメを入れていただいて、しばらく煮れば完成です。野菜とベーコンの出汁だけでもおいしいんですけど、より大衆向けの味わいにしたいのでコンソメを入れています。沸騰したらふたをして30分。ふたをしたまま煮てそこから沸騰させるのでも大丈夫です。

**こがけん** ちなみにリュウジさん、本当はここでローリエを入れたりしたいですよね。

**リュウジ** 入れたいですね。プライベートで作るときなら入れますけど、レシピとして出すときは入れずになんとかやります。

**こがけん** 僕、そういうところがめっちゃ好きなんです。削って、どんどんマイナスにしてくのって料理のプロの発想です。例として、カレーにいろんな隠し味を入れる工

程がわかりやすいと思うんですが、通常だとどんどん足そうと思っちゃうんですよね。でも、プロはどういう味にしたいのかっていう着地点をまず考えて、そこに向かって味を組み立てていく。

**リュウジ** こがけんさんは誰かに向けて料理を作るのが好きなのでしょうか？

**こがけん** そうですね。料理人として一度プロになった人が陥りがちなやつなんですけど、作る前からもう、ある程度出来上がりが見えてしまうんですよね。でもそのぶん想像を超えた味に出合うとものすごく興奮します。このまえ「パティスリィ アサコ イワヤナギ」でパフェを食べたんです。いちごのパフェなんですけど、ゼリーの層のなかにうどや粒マスタード、葉わさびが入っていて、もう最高でした！ めちゃめちゃしびれました。こういう意外性が大っ好きなんですよ。

**リュウジ** 本当にもう、お料理が好きなんだっていうことが話しててすごいわかります。ぜひ料理研究家を名乗ってください！ 30分煮込んだら味見をしてみて、塩気が十分なら完成です。もし途中で味に飽きたら粒マスタードを入れるのでもいいと思います。カレー粉を入れてもおいしいですし。

**食レポでは どうしてもボケられない**

**こがけん** ああ〜うまっ！ ほっこりしますね。ローストしたことで旨味が倍増していて、食欲を刺激してきます。

**リュウジ** 粉チーズ入れるのもありです！

**こがけん** （早速入れてみる）めちゃくちゃうまい！

**リュウジ** 動物性のうまみとコクが少し加わると、さっきまでとはまた違った味になりますよね。

**こがけん** スープに粒マスタードを少し溶かした状態で粉チーズを入れると、マスタードの酸味とチーズの酸味、Wの酸味で後味がすっきりする上、コクも足されてものすごいおいしさです。

**リュウジ** 僕の料理はわりと強い味付けが多いんですけど、このポトフに関しては、わりと優しい味付けなんですよね。お子さんでも食べやすい味。

**こがけん** 味が強いものはおいしいけど、自分のテンションや健康状態を選ぶときがあります。でも、このポトフなら自分のコンディションに左右されずに疲れない。ノンストレスでずっと食べていられるし、野菜が苦手だなっていう人でもばくばく食べられると思うんです。

**リュウジ** プロの料理人目線で解説してくれている！

**こがけん** 僕、どうしても味に関してはボケられないんですよ。芸人として呼ばれているときでも、食レポの内容ではボケないようにしているんです。できないですよ。

**リュウジ** それは作る方に対するリスペクトがあるからですよね。ここまで料理を深く愛している方だとは！

こがけんのレシピポイント

## 鶏とゴルゴンゾーラのコルドン・ブルー

- 柚子こしょうはメーカーによって塩分に差があるので、**味見しながらレモン汁とはちみつ、柚子こしょうの分量を調整**する。ただし、塩と醤油の量は変えないように！
- レモン汁の量は**お好みでOK**！　材料に記載された分量より多く入れても大丈夫。
- こしょうは**白こしょうがおすすめ**。
- チーズが流れ出ないように、**チーズを包むように生ハムの端の方を折り込んでおく**とベスト。
- 衣は、ついてない部分がないように**まんべんなくつける**のがとても重要！
- 油の量は**鶏肉のかたまりが半分浸かる**くらい。揚げている間はできるだけ触らないこと。

リュウジのレシピポイント

## 至高のポトフ

- キャベツの芯は**切り落とさなくてもOK**。にんじんの皮もむかなくてOK。
- 食材を一旦全部、焼き目がつくまで**しっかり焼いてから煮込む**のが最大のポイント。
- **粉チーズ**を入れてもおいしい。

recipe trade

11

# すべての工程に意味がある！超理論派レシピトレード

料理人／作家

# 樋口直哉

×

# リュウジ

樋口直哉のレシピ「**トマトソース**」

リュウジのレシピ
「**ねぎ塩牛タン風しいたけ**」

recipe trade 11

# 樋口直哉のレシピ
# トマトソース

**材料（2人分）**

- ホールトマト缶…1缶（400g）
- 玉ねぎ…1/8個（20g）
- にんにく…1片
- オリーブオイル…大さじ3
- オレガノ（乾燥）…小さじ1/2
- 塩…小さじ1/4
- こしょう…適量

**作り方**

1. 玉ねぎとにんにくをみじん切りにする。
2. 鍋ににんにくと玉ねぎ、オリーブオイルを加え、中火にかける。ぱちぱちと泡立ってきたら弱火に落とし、玉ねぎがうっすらと色づいてきたら、一旦火を止める。
3. ホールトマト缶を加え、中火にかける。
4. オレガノを加え、煮立ってきたら弱火にして最低15分煮る。
5. 泡立て器でトマトを潰す。
6. 塩、こしょうで味を整える。

## 〈スパゲッティとして食べる場合〉

**材料（2人分）**

- トマトソース…200g
- 乾燥パスタ…160g
- バター…小さじ2
- バジル…1パック
- トマト（お好みで）…1個
- パルミジャーノチーズ（お好みで）
- 塩（茹でる用）…お湯に対して1%

**作り方**

1. パスタは1%の塩分濃度のお湯で、袋の表示時間どおりに茹でる。
2. フライパンでトマトソースを温める。（ここで生のトマトを加えると香りが引き立つ）
3. 煮詰まってオイルが表面に浮いてきたら、バターを加える。
4. 茹でたパスタを加えて火を止め、茹で汁を30mlほど加えて軽く和える。
5. お皿に盛ってバジルを添えて完成。

## 「感覚派」と「理論派」がいる

**リュウジ** 樋口さんは僕の料理人生に一番影響を与えた人かもしれません。理論を言語化するときに、樋口さんの記事がかなり参考になるんですよ。

**樋口** リュウジさん意外と理論派ですよね。

**リュウジ** そうなんです。料理って感覚派と理論派がいて、僕は感覚派に見られがちだけど、意外と理論派なんですよ。樋口さんはとことん理論を追求していますよね。学者っぽいというか。

**樋口** 僕は研究するのが好きだから。理屈っぽくてめんどくさいんですよ。では、玉ねぎとにんにくをみじん切りにするところから始めましょう。

**リュウジ** このトマトソース、僕のレシピよりも玉ねぎが少ないです。

**樋口** 玉ねぎが少なめなのは、甘味がそんなに要らないから。甘味を足さない理由は、食材そのものの甘味が強くなってるからです。トマトの甘味も、今と昔ではぜんぜん違う。鍋の火を弱めて泡がなくなったら水分が抜けた証拠なので、玉ねぎを加えます。

**リュウジ** 混ぜたほうがいいですか？

**樋口** 混ぜなくても大丈夫。ＩＨは内も外も火力が均一だから、混ぜる必要がないんです。例えばガス火なら「卵を外側から回し入れる」とかするでしょう？　温度を下げない工夫ですが、ＩＨの場合は外側から回し入れても意味がない。

リュウジ　なるほど！

樋口　玉ねぎをちょっと焦がすのは、メイラード反応の香りがほしいから。玉ねぎには含まれる硫黄化合物の香りがあるので、加熱すると肉を焼いたときに出る香りにちょっと似るんですよ。缶のホールトマトは潰してから入れる人もいるけど、僕はそのまま入れる派。トマトは煮てから潰します。

リュウジ　それはなぜですか？

樋口　煮てからのほうが潰しやすいから。煮込むとき、あればバジルの茎を入れます。ない場合はトマトのヘタでもいいですよ。緑の香りがほしいだけなので。

リュウジ　こんなにトマトソースの香りにフォーカスしたことなかった。

樋口　料理の味わいは香りで決まるから。乾燥ハーブのオレガノも入れます。オレガノは乾燥がおいしい。保存もきくし、調味料として持っておいて損はないと思う。水分を飛ばしたいのでザルをかぶせて飛び散るのをガードしましょう。続いて、パスタを茹でる前に、トッピングするトマトとバジルの炒めものを作ります。まずは生のトマトを湯むきします。

リュウジ　種を取り除くのはなぜですか？

樋口　酸味の調節です。種はうま味が多いんですけど、酸味も強いんですよ。包丁の持ち方は、まな板に対して90度を意識して。すると、食材をまっすぐ切ることができます。さて、そうこうしている間にトマトソースが煮えてきたので、ホールトマトを泡だて器で潰しましょうか。

**リュウジ**　ここでバジルも入れるんですね。

**樋口**　そう。最後に生のバジルものせるけど、加熱したバジルと両方使うと香りが強くなりますかね。

**リュウジ**　今入れたのは塩ですか？

**樋口**　砂糖です。

**リュウジ**　砂糖!?　砂糖なんてレシピにありましたっけ？

**樋口**　こういうのはね、材料のところに書かないほうがいいんですよ。材料が増えるとみんな作らないでしょ？　ちなみに砂糖を少し足すとトマトの風味が強くなります。

## トマトソースは状態を見極めて

**リュウジ**　樋口さんはパスタを茹でるとき、お湯に対して塩の量は何%派ですか？

**樋口**　僕は1%ですね。

**リュウジ**　一緒だ！

**樋口**　1・5%や2%の人もいます。でもソースの塩分を調節すれば一緒です。お湯が沸いたのでパスタを茹でましょう。パスタを入れるときは、焦がさないように中心から入れます。

**リュウジ**　パスタを茹でる火はポコポコ派ですか？　強火で茹でる人もいますよね。

**樋口**　僕はメーカーによって、ザラザラしたパスタは優しめに、つるつるのパスタはそんなに気にしないで茹でてます。

**リュウジ**　茹で汁は入れないんですか？　レシピには30ccほど加えるって書いてありますけど…。

**樋口** トマトソースの状態を見て、ちゃんと乳化していれば入れる必要はありません。だけど、もしも油が浮いていたらちょっと茹で汁を加えてください。最後にバターとチーズでうま味を足します。

## 油の量と香味野菜でプロの味になる

**リュウジ** これは…うまい。原点回帰というか、僕が忘れていた大事なものを思い出す味です。僕のトマトパスタは煮つめちゃうからぜんぜん酸味がないんですよ。樋口さんのはトマトの酸味が効いてて、香りも引き立ってる。樋口さんほど基本を掘り下げてる人はあまりいませんよ。このトマトパスタ、なぜかレモンサワーに合いますね。

**樋口** 油が多いからね。アルコールは油を溶かすから口がさっぱりする。

**リュウジ** そんな理論まで！ たしかに、オリーブオイルけっこう入ってますよね。

**樋口** うん。クックパッドとお店のレシピの一番の違いは油の量と香味野菜なんですよ。一般の方が作るレシピは油が少なくて香味野菜が多い。プロのレシピはその逆で、油が多くて香味野菜が少ないんです。

**リュウジ** 僕は野菜嫌いだから、トマトの味を消そうとしちゃう（笑）。

**樋口** だから、リュウジさんの野菜料理はおもしろい。その食材を好きじゃない人のほうが特徴をつかみやすいと思うんです。だから、嫌いなものがあるって強みだよ。

リュウジのレシピ

# ねぎ塩牛タン風しいたけ

**材料（2人分）**

・しいたけ…1パック（6個）
・長ねぎ…½本
・サラダ油…小さじ2

**【下味用】**

・塩…適量
・こしょう…適量

**【ねぎ塩ダレ】**

・味の素…10振り（※今回は6振り）
・塩…小さじ½
・ごま油…大さじ2
・黒こしょう…適量
・カットレモン

**作り方**

1. しいたけの軸の部分を切り落とす。
2. 長ねぎはみじん切りにする。
3. ボウルに長ねぎを入れ、ごま油、塩、味の素、黒こしょうを加え混ぜる。
4. フライパンを火にかけ、サラダ油をひいて全体になじませる。しいたけを入れて塩をふり、ふたをして中火で蒸し焼きにする。
5. しいたけの水が上がってきたら、ねぎ塩ダレをしいたけにのせ、ふたをして1～2分蒸し焼きにする。
6. お皿に盛ってレモンを添えたら完成。

## 肉を使わずに肉の満足感を出す

リュウジ　このレシピはたぶん、小ぶりで薄いしいたけのほうが合うと思う。しいたけって大きさによって味が変わるから。

樋口　でも、しいたけの味ってうま味はあまり関係ないんだよね。うま味が多いしいたけと少ないしいたけを食べ比べても、味の差はあまり感じない。そもそもおいしさってうま味よりも香りの影響が強いから。

リュウジ　さすが手つきが鮮やかですね。ずっと見ていられる。

樋口　味の素10振りって多いと思う。4〜6振りくらいでいいんじゃないかな。

リュウジ　僕もそう思います。これ、昔のレシピなんで…。かなりイキってますよね、昔の僕。

樋口　肉っぽくするなら、味の素じゃなくてガラスープでもいいかも。味の素はグルタミン酸だからね。あ、ハイミーでもいいかもしれないな。

スタッフ　ハイミーってなんですか？

樋口　ハイミーはイノシン酸とグルタミン酸が入った調味料。味の素よりハイミーのほうが相乗効果でうま味は強いんです。ちょっと酸味がほしいんですが、ねぎ塩ダレにレモン絞っちゃっていい？　レシピには書いてないんだけど。

リュウジ　入れちゃってください！

樋口　（レモンを絞り味見をして）ちょっと酸味を入れるだけですごくおいしい。

**リュウジ** しいたけから水分が出て縮んできた。ちょうどいい大きさになったな。

**樋口** しいたけってジューシーですよね。「多汁感」って言うんですけど、その食感を肉に見立てるのがこのレシピのいいところだなと思って。

**リュウジ** すごくじっくり焼きますね。

**樋口** 弱火が好きなんだよね、基本的に。安全運転。

**リュウジ** 僕はなんでも強火でいっちゃうからな〜。

**樋口** このレシピ、ねぎに火を通してるところも好きで。普通はねぎ塩ダレを最後にのせて仕上げると思うんですよ。

**リュウジ** 初期のレシピではそうだったんですけど、長ねぎの辛さが苦手な人って、生だと食べられないらしいんですよ。いろんな人に試食してもらって、ねぎの辛味を抑えるために火を通すことにしました。

**樋口** これ、少しだけにんにく入れたくなるなぁ。ねぎも1／4くらい炒めたくなる。そうするとより肉っぽさが出るんじゃないかな。

**リュウジ** 香りが出ますもんね。でも、レシピに焦がしねぎを入れたら、みんな作らなくなるから（笑）。僕としては、おいしくなるんだったらやりたいですけどね。

## 昔のレシピは今より尖ってる

**リュウジ** 久々に食べるわ、これ。昔の自分を思い出す。うまい！「本当にうまい居酒

屋の人気メニュー」って感じ。

**樋口** 酒飲みにはいいね。何品か食べるとき、こういう料理が一皿あると嬉しいよね。

**リュウジ** あらためてこのレシピ見て思ったけど、僕の昔のレシピってごま油が多すぎなんですよね。

**樋口** でも、この料理にはごま油が必要だよ。

**リュウジ** 必要なんですけど、もうちょっと少なくてもいいかな。歳をとって油がキツくなってきたから。昔はバンバン油を使ってたけど、今は昔の2/3くらい。僕の体調や嗜好の変化でレシピも変わってくるので、今は昔より優しい味です。この頃は尖ってた（笑）。

**樋口** リュウジさんは、若い人にしてはめずらしく味の素をよく使いますよね。味の素って昭和初期くらいのレシピには必ず入ってるから、リュウジさんは先祖返り。

**リュウジ** 味の素って、本当の使い方をわかってる人が少ないと思う。甘味がほしいときに砂糖、塩味がほしいときに塩を入れるのと同じで、うま味がほしいときに味の素を入れるのが本来の使い方なんですけどね。うちのじいちゃんは納豆に入れてた。

**樋口** 昔は漬物に味の素をかけたりね。昔の食べ物は塩分が強かったから、塩分を弱めるために味の素をかけてたんですよね。だけど、今の漬物はそもそもたいていうま味が入っているし塩分控えめだから、味の素がいらない。

**リュウジ** それを知ってる方、あまりいない

と思います。

**樋口** うま味ってたんぱく質のサインなんですよね。人間はアミノ酸の味で「この料理を食べたらたんぱく質を摂取できるぞ」と体がわかるようになっている。だから昔の日本料理は大根にアミノ酸の味を含ませて、肉があるかのように脳をだましてたわけ。でも今は肉も魚もあるから、うま味がそんなに必要じゃなくなった。

一方で、今は世界中の人たちがうま味に着目してるんですよ。なぜかと言うと、世界の料理は油脂を減らす方向にあるので。じゃあどうやってインパクトを出すかというと、うま味と香りなんです。今まで、日本以外の国は油でおいしさを作ってきたんですね。イタリア料理はその典型で、にんにくとオリーブオイルを炒めて香りを出すでしょう。それが「油を減らそう」って風潮になったら、代わりにうま味が求められるようになった。

**リュウジ** 僕はそこまで世界の料理事情を把握してなかったです。

**樋口** 最近、僕が注目してるのはベトナム料理。ベトナム料理って油をあまり使わないのに、強い香りが醍醐味なんですね。香りって油に溶けるから、油がないとどうしても香りの持続性が短くなって、それを長くするには総量を増やす必要がある。そうするとベトナム料理みたいに、生の香草をどっさりのせる方向性になるんですよ。

**リュウジ** もう、樋口さんに世界中の料理を解説してほしい。

樋口直哉のレシピポイント

## トマトソース

- 玉ねぎをちょっと焦がすのは、**肉を焼いたときに出るような香りを出す**ため。
- 缶のホールトマトはそのまま入れ、トマトは**煮てから潰す方**が潰しやすい。
- 煮込むときに緑の香りがほしいので、**バジルの茎**を入れるか、バジルがない場合は**トマトのヘタ**を入れる。
- トッピングのトマトは**種を取ることで酸味を取り除く**ことができる。
- 隠し味として**砂糖を少し足す**と、トマトの風味が強くなる。

リュウジのレシピポイント

## ねぎ塩牛タン風しいたけ

- **小ぶりで薄め**のしいたけがおすすめ。味の素10振りだと多いので**6振りくらい**でOK。
- ねぎ塩ダレに酸味を加えるために、**レモンを絞ってもおいしい**。

recipe trade

12

はるあんのレシピ「**ポリ袋バナナケーキ**」

リュウジのレシピ「**至高のナポリタン**」

料理家／動画クリエイター

# はるあん

×

リュウジ

# かわいい＆おいしい！
# 手軽に「憧れの味」を叶える
# レシピトレード

recipe trade 12

はるあんのレシピ

# ポリ袋バナナケーキ

材料

・砂糖…80g
・薄力粉…150g
・ベーキングパウダー…3g
・サラダ油…120g
・卵…2個
・バナナ…2本＋飾り用1本

冷やしておけば日持ちもするよ！（はるあん）

作り方

1. オーブンを170度に予熱しておく。
2. ポリ袋に砂糖と薄力粉、ベーキングパウダー、サラダ油、卵、バナナを入れる。ポリ袋に入れた材料を、バナナのかたまりがなくなり、卵が全体に混ざるくらいまで揉む。
3. バットにクッキングシートを敷く。ポリ袋の角をハサミで切り、絞るようにして流し込む。
4. 飾り用のバナナを輪切りにし、生地の上に置く。
5. 170度のオーブンで約30分焼く。中心に竹串を刺し、何もついてこなければOK。

## 作る人のことを考え抜いたお菓子作り

**リュウジ**　先生、よろしくお願いします！　マジでお菓子は超素人なので。

**はるあん**　とっても簡単なレシピなので問題ないと思います！　バナナ以外の材料をポリ袋にどんどん入れていきます。ボウルをはかりにのせて計量しながら入れていくといいですよ。

**リュウジ**　ベーキングパウダーはなんで入れるんですか？

**はるあん**　バナナケーキってずっしりしがちなので、軽い食感にするために入れます。

**リュウジ**　サラダ油ももう入れちゃっていいんですか？　けっこう多いですね。

**はるあん**　この量がおいしさの秘訣なんです。しっとり加減が違ってくるので、思い切って入れちゃってください。

**リュウジ**　バターを入れてもおいしそう。

**はるあん**　おいしいんですけど、バターは溶かさなきゃいけないし、入れないほうが袋を揉みやすいんです。あと、バターは高いからサラダ油にしました。

**リュウジ**　なるほど。作る人のことをすごく考えてレシピを作ってるんですね。

**はるあん**　バナナは3本使います。生地に入れるのが2本で、飾り付けが1本。熟して黒くなったバナナでもおいしくできるので、余ったバナナの活用法にもなるんです。

**リュウジ**　僕、バナナ好きなんだよね。縁日では必ずチョコバナナを食べる。

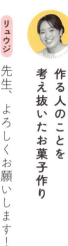

**はるあん**　かわいい！

## 袋の口を切る!? あっと驚くアイデア

**はるあん**　揉むときは、袋の口を縛らずに軽く持つのがポイントです。そうしないと中の空気が抜けていかないので。

**リュウジ**　泡立て器やハンドミキサーを使わないからラクでいいね。この方式で作るお菓子って他にもあるの？

**はるあん**　あります。りんごを刻んで入れるケーキとか、すりおろしたにんじんを入れてキャロットケーキとか。バットにクッキングシートを敷きます。まず、クッキングシートをくしゅくしゅにして、それを広げて、バットに敷いてください。

**リュウジ**　なんで一回くしゅくしゅにするんですか？

**はるあん**　くしゅくしゅしたほうが敷きやすくなるんです。あと、見た目がかわいくなるから。端っこからはみ出た感じが。

**リュウジ**　なるほど、かわいい…かも。

**はるあん**　ポリ袋の角をパツンとハサミでカットして、中身をバットに流し込みます。

**リュウジ**　袋の口から入れるんじゃないんだ！

**はるあん**　袋の口から入れると、ベチョベチョになって手についちゃうんです。角をカットすると、手が汚れません。バナナのかたまりが集中してるなと思ったら、ゴムべらで移動させるといい感じになります！

**リュウジ**　ここまで、あっという間にできち

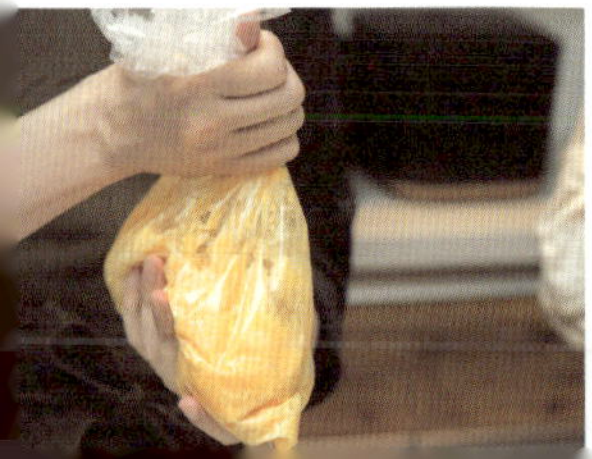

やったよ。

**はるあん** 次は上に飾るバナナを切っていきます。バナナの皮をまな板代わりにして、その上で切ってください。そうすると、まな板を洗わなくて済むので。バナナを切るためだけにまな板を出すのって悔しくないですか？　私は悔しいので、いつもこのやり方で切っています（笑）。あと、バナナ配置は等間隔を目指してください。バナナを目印に切り分けたとき、なんとなく等分になるような。

**リュウジ** バナナ配置ね。

**はるあん** あとは焼くだけです！

**リュウジ** こんなにラクでいいんですか？　お菓子作りって、もっと面倒くさいものじゃないの？

---

## 思わず出ちゃう「かわいい〜！」

**リュウジ** かわいい〜！　すごい、めっちゃいい焼き色じゃん。

**はるあん** 竹串を刺してみてください。引き抜いたときに、竹串にベタつく感じがなければオッケーです。

**リュウジ** おいしい！　こんなにサクッとした食感になるんだ！

**はるあん** ずっしりタイプのバナナケーキはいっぱいあるけど、サクふわ食感はあまりない。それで考えたレシピなんです。

**リュウジ** これ、甘いものがそんなに得意じゃない人も好きだと思う。甘すぎないというか、甘さに余力を残してる。なんでも合

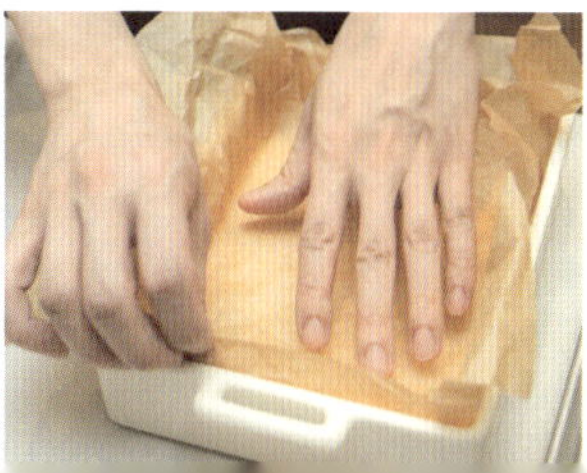

うんじゃないかな。チョコレートソースかけてもいいし、ホイップクリーム添えてもいいかも。

はるあん　冷蔵庫に入れておくと、もっとしっとりしてくるし、冷凍もできるんですよ。ラップに包んで冷凍しておいて、食べるときはトースターで温めるんです。おいしさが落ちないんですよね。

リュウジ　このレシピは本当に簡単で、そこがすごいと思う。レシピってさ、難しくするよりも簡単にするほうが大変だから。工程を増やせばそれなりの味にできるけど、「工程を減らしておいしいものを作る」となると大変。たとえばさ、バナナケーキって普通は泡だて器を使うから、最後に洗うじゃない。泡だて器洗うのって面倒でしょ？　それを今回みたいにポリ袋で揉めば、作る人の「洗い物が面倒だからな～」っていう心理的ハードルを下げられる。そこを、はるあんちゃんはすごく考えてるよね。

はるあん　嬉しいです。私は料理を研究するだけじゃなくて、料理の楽しさを伝える活動をしたいです。初心者さんや料理があまり好きじゃない人が、料理を好きになる最初の一歩の場所にいたい。

リュウジ　料理だけじゃなくて、ライフスタイルごと提案していくのがいいかも。

はるあん　リュウジさんは、ライフスタイルを公開しないですよね。

リュウジ　いや、僕は寝起きで髪ボサボサで動画撮ってるから。ある意味、ライフスタイルをさらけ出してる（笑）。

リュウジのレシピ

# 至高のナポリタン

**材料（2人分）**

・パスタ（1.9㎜）…200g
・マッシュルーム…4個（100gほど）
・ウインナー…6本（100gほど）
・玉ねぎ…½個（100gほど）
・ピーマン…小2個
・ケチャップ…大さじ8
・バター…20g
・サラダ油…小さじ4
・水…2000cc
・塩…20g
・粉チーズ…少々（お好みで）

**作り方**

1. ウインナーを斜め切りにし、玉ねぎは薄切り、マッシュルームは5㎜幅に切り、ピーマンは細切りにする。
2. フライパンに油を熱し、ウインナーを中火であまり動かさずに焼く。
3. 玉ねぎを加えて、少ししんなりするまで炒める。ケチャップとマッシュルームを入れたら弱火にし、ケチャップが具材にまとわりつくまでしっかり炒める。
4. バターは風味を、ピーマンは食感を残すために、後入れでさっと炒める。
5. 別の鍋に水を沸かして塩を加え、パスタを茹でる。ザルにあけたら④に加え、オレンジ色になるまで炒める。

僕のナポリタンは酸味を全部とばすのがポイント。（リュウジ）

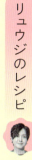

## 酸味を全部飛ばすのが至高のナポリタン

**リュウジ** 喫茶店のナポリタンってだいたい砂糖を使ってるんだよね。だけど、至高のナポリタンはケチャップだけ。砂糖もコンソメも、他の調味料は何も入れない。ひたすらケチャップを煮詰めて酸味を飛ばして、甘味と旨味だけを残すの。というのも、僕は酸味が苦手なんですよ。だから、酸味を全部飛ばしています。

**はるあん** ケチャップだけでどんな味になるのか、すごく楽しみです！

**リュウジ** じゃあ、まずは具材を切りましょうか。僕はね、ナポリタンはピーマンの香りと緑色があってこそだと思うんだよね。本当はピーマン嫌いなんだけど。ウインナーは斜め切りにすると断面が広くなるでしょ。そうすると、フライパンで焼いたときに旨味が出やすくなるんですよ。

**はるあん** なるほどです！

**リュウジ** パスタって、テフロンダイスとブロンズダイスがあるでしょ。今回はブロンズダイスを使うから、お湯はたっぷり沸かしたほうがいい。なぜなら、ブロンズダイスは表面がザラザラで粉が出やすいから、煮汁がドロドロになっちゃうんですよ。

**はるあん** いわゆるお手頃価格のパスタのほうが、表面がツルツルしてますよね。

**リュウジ** じゃあナポリタンのソースを作っていきましょう。まずは、ウインナーを焼いて焦がして。ウインナーがカリカリにな

ってきたら、玉ねぎを入れてください。ちょっとしんなりさせる感じで。甘味と具材感がほしいだけだから、焼き色は付けなくてもいいかな。

**はるあん** ケチャップ、すごく多いですね！この量が味のポイントなんだろうな。

**リュウジ** そう、この大量のケチャップをペースト状になるまで煮詰めるわけですよ。この状態だと酸味が強いんだけど、煮詰めて煮詰めて酸味を飛ばすの。

**はるあん** リュウジさんは、パスタはパッケージに書いてある時間通りに茹でる派？

**リュウジ** そのときのメニューによるかな。ナポリタンはね、アルデンテだと合わないんですよ。だからナポリタンのときは表示通りに茹でる。で、ちょっと炒めてクタッとさせる。

**はるあん** ソースはどうでしょう？　そろそろ煮詰まってきましたかね？

**リュウジ** まだ水っぽいかな。全体的に、具にケチャップが絡みついてペタペタになるまで煮詰めます。そうしないと酸味が飛ばないから。

**はるあん** 酸味って意外と飛ばないんですね。ケチャップによっても酸味の度合いが違いそう。

**リュウジ** パスタをソースの中に入れたら火をつけて。パスタって基本的には焼かないんだけど、ナポリタンだけはちょっと焼きながらやるのね。そのほうが香ばしくなるから。

**はるあん** 喫茶店の香りがする～！

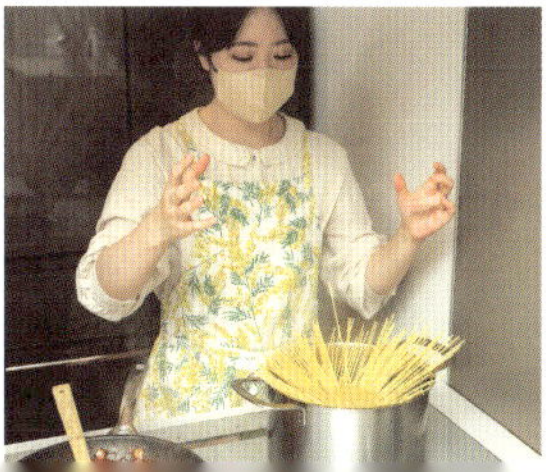

**リュウジ** 最後にバターとピーマンを入れます。最後に入れることによって、ピーマンのシャキシャキ感とバターの風味が生きるんだよね。

**はるあん** 私、勝手に「ピーマンはよく炒めたほうがいい」って思ってました。

**リュウジ** ピーマンは生でも食べられる食材だから、さっと火を入れるだけで大丈夫。

**はるあん** リュウジさんのパスタの盛り付け、見てみたいです！

**リュウジ** やりましょう。2回に分けて盛るんだけど、一段目と二段目の間にも具材がほしいから少なめに盛ってその上に具材を乗せる。で、二段目もくるりと。こうすると高さが出るでしょ。

**はるあん** おいしそうすぎる！

**リュウジ** めっちゃうまそう！

## 丁寧に作ることの大切さ

**リュウジ** やっぱりこのナポリタンうまいな。

**はるあん** 「なんでこんなに深みが出るんですか!?」っていうくらいコクがありますよね。やっぱり煮詰めるからですかね？

**リュウジ** うん。ペタペタになるまで炒めるのがいい。

**はるあん** このナポリタン、ケチャップ以外の調味料をほぼ入れてないじゃないですか。なのに、こんなに旨味や深みを感じられるのがすごい。ちゃんと味がキリッとしてる。

**リュウジ** 茹でるときにしっかり塩を効かせてるから、バランスがいいんだろうね。

**はるあん**　マッシュルームもピーマンも歯ごたえがいいし、ウインナーってこんがり焼くとこんなにおいしいんですね！

**リュウジ**　丁寧に作るのって大事だなぁって、あらためて思うよね。久々に食うな。

はるあんちゃんはレシピ本大賞のお菓子部門で準大賞を受賞したけど、次はどんな本を出したいの？

**はるあん**　うーん、今ちょっと迷っている時期で。次になにをがんばろうか、考えているところです。

**リュウジ**　せっかくノッてる時期だから、新しいことにチャレンジしてもいいんじゃない？　僕は、はるあんちゃんの「究極レシピ」を見てみたいな。

**はるあん**　私、唐揚げだけはけっこうこだわってやってるんです。鶏肉を電子レンジでほんのり温めてから揚げるんですよ。すると、揚げ時間が短くて済むぶん、サクッと揚がるんです。

**リュウジ**　鶏肉は人肌くらいまで温めるの？

**はるあん**　そうですね、ぬるま湯くらいまで。でも、温めすぎると火が通っちゃうから、そこの加減にはこだわってます。

**リュウジ**　いいね、はるあんの「こだわりシリーズ」。やっぱり料理家ってね、みんなそれぞれ、どこかにこだわりを持ってるんですよ。その人なりのこだわりポイントがあると料理家っぽくなる。

はるあんのレシピポイント

## ポリ袋バナナケーキ

- 材料をポリ袋に入れていくときに、**ボウルをはかりにのせて計量しながら入れる**と手軽。バターの代わりに**サラダ油をたっぷり入れる**のがコツ！
- **熟して黒くなったバナナも使える**ので、余ったバナナを活用できる。
- 揉むときは、**袋の口を縛らず**に軽く持つ。
- 袋の角をカットして流し込むときに、バナナのかたまりが集中していたら**ゴムべらで移動させる**といい感じに。

リュウジのレシピポイント

## 至高のナポリタン

- **ウインナーは斜め切りにする**と断面が広くなり、焼いたときに旨味が出やすい。
- ウインナーは**カリカリ**に、玉ねぎはちょっとしんなりするくらいまで炒める。
- ケチャップを入れたら、全体的に**具に絡みつくぐらいペタペタ**にしよう！
- 茹でたパスタをソースの中に入れたら、**火をつけて少し焼く**と香ばしくなる。

recipe trade

13

# ねぎのうま味を引き出す！
# クセ強鍋の
# レシピトレード

「ゲスの極み乙女」など
4つのバンドのベーシスト

## 休日課長

×

## リュウジ

休日課長のレシピ
**「コクうまキムチ鍋」**

リュウジのレシピ
**「世界一長ねぎをおいしく食べる鍋」**

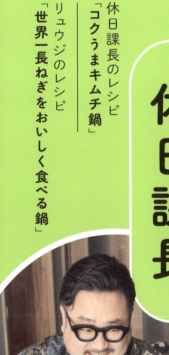

休日課長のレシピ

# コクうまキムチ鍋

**材料（2人分）**

・豚バラ薄切り肉…150g
・長ねぎ…1本
・しめじ…1パック
・豆腐…1丁
・キムチ…150g
・もやし…1袋
・豆板醤…大さじ1
A
コチュジャン…大さじ2
オイスターソース…大さじ2
酒（紹興酒）…大さじ2
醤油…大さじ1
鶏ガラスープの素…大さじ1
水…500cc
・しょうが（すりおろし）…大さじ1
・ごま油…大さじ2
・キムチの汁…大さじ1

**作り方**

1. 長ねぎはみじん切り、豆腐はひと口大に切る。しめじはほぐす。豚肉は5cm幅に切って、塩（分量外）をふっておく。
2. 鍋にごま油を熱し、豚肉、ねぎ、豆板醤を入れて炒める。豚肉の色が変わったらAを入れて混ぜ、しめじ、豆腐、キムチを入れる。沸騰したら弱火で5分煮る。
3. もやしとしょうがを入れ、キムチの汁大さじ1をかける。火が通ったら皿に盛る。

分量が多いと感じたら調節してね。
（休日課長）

## ねぎはみじん切りで火鍋風に！

**リュウジ** 課長、今って忙しいんじゃないですか？

**休日課長** 今、ツアー中なんですよ。4つのバンドをやっているので、常にツアーをしています。

**リュウジ** それは忙しい。料理する時間ないんじゃないですか？

**休日課長** 料理はしたりしなかったり。波がありますね。まずは、長ねぎを粗めのみじん切りにしていきましょう。

**リュウジ** 斜め切りじゃなくてみじん切りなんですね。鍋にしてはめずらしい。

**休日課長** そう、最初にねぎと豚バラを炒めてから煮るんです。よく行く火鍋のお店でそういう作り方をしていて、おいしかったから真似しました。

**リュウジ** ねぎの青い部分は入れますか？

**休日課長** 僕は入れる派だけど、そこはお好みで。赤いスープに緑が入ると、アクセントになってうまそうに見えるんですよ。

**リュウジ** 赤に緑って映えますからね。

**休日課長** 豆腐は、木綿でも絹でもお好きなほうで。人それぞれ大きさにこだわりがあると思うので、お好みのサイズ感で切っちゃってください。切りものは以上です。

**リュウジ** 課長、これ多くない？　本当に2人分？

**休日課長** 2人分と言いながらかなりありますね。僕にとっての2人分、みたいな。

**リュウジ**　じゃあ4人分ですね。

**休日課長**　無意識に分量詐欺してしまった。

## おろししょうがは最後にトッピング

**リュウジ**　具材を先に炒めるのはチゲっぽいですね。でも、ねぎをこんなに炒める鍋ってあまりないな。これは具材というより、ねぎをスープに溶け込ませる感じだな。ねぎ炒めるかどうかでスープの味が全然違いそう。

**休日課長**　そうなんですよ。このあと鶏ガラスープの素を入れるけど、もし切らしちゃってたらなくても大丈夫。そのくらい、ねぎの出汁が出るので。

**リュウジ**　オイスターソース、けっこう入りますね。

**休日課長**　もうこれだけで旨味の玉手箱ですよ。

**リュウジ**　しょうがは入れないんだ。

**休日課長**　おろししょうがは最後です。ラーメンのトッピングに入れるイメージ。

**リュウジ**　なるほど！　これは課長じゃないと思いつかないわ。

**休日課長**　僕っぽいですか？

**リュウジ**　めちゃくちゃ課長っぽい。こんな鍋、見たことない。

**休日課長**　リュウジさんって褒め上手ですよね。料理研究家の覇者でありながら、すごく褒めてくれる。

**リュウジ**　僕は覇者なんかではないですよ。誰しも、一つは得意料理があるじゃないで

すか。日々料理をしている方に得意料理を出されたら、僕なんてぜんぜん勝てない。まぁ、自分が勝ってるなんて思うと成長できないからね。

**休日課長** 意外と謙虚なんですよねぇ。

**リュウジ** すっかりねぎがいなくなってる。

**休日課長** あんなにいたのが懐かしくなりますね。

**リュウジ** もやしは最後なんですね。

**休日課長** はい、シャキシャキ感を残したくて。ある程度もやしに火が通ったら出来上がりです！

## セオリー通りじゃない「クセつよ料理」

**休日課長** 今、心臓が飛び出そうなほどドキドキしてます。おいしくなかったらどうしよう。

**リュウジ** ……うまいっ!!

**休日課長** よかった～！

**リュウジ** 基本的にはコチュジャンと豆板醤ってあまり合わせないんですよ。でも、これはすごく味がまとまってる。砂糖を加えてないのにコチュジャンの甘味が効いてるし、紹興酒もふわっと香りを出してる。

**休日課長** ほっとしました。実は、この企画のお話をいただいたときから胃がキリキリしてたんですよ。リュウジさん、おいしくないときの反応がわかりやすいから。

**リュウジ** 僕、嘘はつけないからね。でも、これは本当に僕の好きな味です。「赤から鍋」のそこまで甘くないバージョンって感

じ。このレシピのポイントは、ねぎを炒めること、中華調味料と韓国調味料を一緒に使うこと、ラーメンを彷彿とさせる後入れしょうが。ぜんぜんセオリー通りじゃないんですよ。意表を突いてくるから嬉しくなっちゃう。

**休日課長** 僕はセオリーを知らないんで。

**リュウジ** セオリー通りだと、豆板醤とコチュジャンとオイスターソースってほぼ合わせない。こういう意表をついた調味料の組み合わせ方って、テクニックと勇気が必要なんです。課長にはそれがある。

**休日課長** そこまで分析しちゃいます？

**リュウジ** しょうがも、普通は最初に入れますよね。それを最後に持ってきたのが課長っぽい。

---

**休日課長** 単純に、しょうがそのものの味がしてほしかったから最後に入れました。シンプルな考え方ですね。

**リュウジ** そのシンプルな考え方をおいしい料理に昇華させるのがセンスなんですよ。課長の料理って、センス重視の「クセつよ料理」なんですよね。料理には理論派と感覚派がいるけど、僕は理論派で、課長は完全に感覚派。

**休日課長** 僕は基礎がないんで、感覚でやるしかないんですよ。

**リュウジ** まぁ、最初に基礎を叩きこんじゃうと形を崩せないこともありますから。僕はガンガン形を崩すタイプですけど。

**休日課長** 料理の常識を覆してますもんね。

リュウジのレシピ

# 世界一長ねぎをおいしく食べる鍋

## 材料（2人分）

・かつお節…4g
・長ねぎ…2〜3本（300g）
・豚バラ…200g
・水…300cc
・酒…大さじ3
・味の素…5振り
・塩…小さじ½
・ごま油…大さじ1

**【レモン醤油】**

・レモン…⅛個
・醤油…大さじ1

## 作り方

1. ねぎの葉の部分についている砂を洗い流す。
2. ねぎは鍋の高さほどの長さに切り、豚肉は3等分に切る。
3. 土鍋の中心にねぎを立て、周りに豚肉を入れる。
4. かつお節を電子レンジ600Wで40〜50秒あたため、指で揉んで粉にする。
5. 鍋に水、酒、粉にしたかつお節、味の素、塩、ごま油を入れる。
6. 鍋を火にかけ、沸いたらふたをして弱めの中火で20分煮込む。

## あの魯山人から ひらめいたレシピ

**休日課長** このレシピ、ねぎを立てるんですね。この発想はなかなか浮かばない。

**リュウジ** 北大路魯山人のすき焼きは、こうやってねぎを立てていたんです。そこからインスピレーションを得て作ったのがこのねぎ鍋。

**休日課長** 魯山人から来てるんだ。それはすごい。僕なら絶対にたどり着かないもん。

**リュウジ** ねぎを洗って、鍋の高さくらいに切ります。4cmくらいですかね。青い部分も等間隔に切っちゃってください。この鍋はねぎをまるまる食べるのがポイントなんですよ。ねぎがね、ホクホクになる。

**休日課長** 僕、まだホクホクのねぎを知らないです。

**リュウジ** 切ったねぎはもう鍋に入れちゃいましょう。鍋の真ん中あたりに立てて並べるだけ。豚バラは3等分してください。肉同士がくっついても剥がせばいいだけだから、ぎゅうぎゅうに入れても大丈夫。

**休日課長** なんだこれ、はじめての感覚だ。なんか楽しい。

**リュウジ** こうすると、豚バラから出た脂がねぎに吸収されるんですよ。沸騰すると、ねぎの真ん中の空洞から汁が上がってくるんです。

**休日課長** 使用する鍋は土鍋がいいんですか?

**リュウジ** なければ他の鍋やフライパンでも

できるけど、土鍋は熱がこもるからいい温度で蒸すことができますね。できれば小さめの土鍋がいいです。鍋の高さに合わせてねぎを切るから、鍋がでかくなればなるほど、ねぎがでかくなっちゃう。かつお節を電子レンジで40秒くらい温めます。温めたあと、指で粉々にして鍋にそのまま入れるんです。

**休日課長** これは、なんでレンチンするんですか?

**リュウジ** 熱が加わることによって水分が抜けて、粉々にしやすくなるから。かつお節で出汁を取るときはかつお節を濾すけど、こうして粉々にすると、濾さずにそのまま入れても口に残らないんです。

**休日課長** かつお粉とか、すでに粉になっているものもありますよね。

**リュウジ** あるけど、粉になっていないかつお節のほうが品質が良いものが多いから、僕はこっちを使います。では、水と調味料を入れていきます。

**休日課長** 鍋を火にかけますか?

**リュウジ** いや、全部の調味料を入れてからで大丈夫。

**休日課長** 全部セットできてからでいいんですね。焦らないからいいな。

**リュウジ** 味の素は昆布の旨味と同じグルタミン酸だから、かつお節との合わせ出汁になります。最後に香りづけとしてごま油を回しかけて。

**休日課長** 味付けは出汁と塩だけなんですね。シンプルイズベストだ。

**リュウジ** 煮るというより、ふたをして少量の水で蒸していく感じ。だからねぎの風味が逃げないし、むしろ、出汁を吸い込んでおいしくなっていくんです。

**休日課長** この発想はなかったわ……！

## 見た目から逆算したねぎ魅せ料理

**リュウジ** 煮込んでる間に、つけだれのレモン醤油を作ります。ポン酢でもいいけど、レモン醤油で食べるとさっぱりしてめちゃくちゃおいしいの。このレモンは小さいから半分くらい絞っちゃってもいいかも。生レモンがおすすめだけど、調味料のレモン果汁でも大丈夫。

**休日課長** そうこうしてる間に、めちゃくちゃおいしい匂いがしてきましたね。お腹減った。

**リュウジ** 沸いてきましたね。ねぎが出汁を吸い上げてる。ねぎってふつうは薬味として使われるじゃないですか。でもこうするとホクホクになって、ねぎが主役になるんですよ。

**休日課長** リュウジさんのレシピって、味はもちろん、見た目もいいですよね。インパクトがあって。

**リュウジ** 実はこの鍋は見栄えから逆算して考えたんです。ねぎの断面を見せるにはどういうレシピにしたらいいか考えました。

**休日課長** そういう考え方もあるんだ！

**リュウジ** これ、食べ方があるんですよ。まず、ねぎを取ったら箸で縦に切って、開く

んです。開いたねぎで豚バラを巻いて、レモン醤油をつけて食べます。

## 人生最高にねぎを堪能する時間

**休日課長** どれどれ……うまい!!

**リュウジ** でしょう?

**休日課長** 驚きました。これはやばい。ねぎの中まで火が通ってて、繊維感がまったくない。本当にホックホク。豚バラとかつおの風味との相性も最高！　今までの人生で、ねぎをこんなに楽しんだことあったかな…。

**リュウジ** ねぎって斜め切りで鍋に入れると、しなっとするじゃないですか。だけどこの鍋は口に含むねぎの量が段違いなんで、「ねぎ食ってる感」がすごいんですよ。

---

**休日課長** 「ねぎ食ってる感」はすごいけど、スッと溶けてくから不思議と口に残らないですよね。こんなにねぎが主役の鍋はないですよ。しょうがとにんにくさえ入れない潔さ。僕の鍋もねぎの使い方がポイントだったので、いい対比になりましたね。

**リュウジ** ねぎの使い方が対照的ですよね。みじん切りにしてスープに溶け込ませた課長と、ねぎを主役にした僕と。

**休日課長** いや、この鍋を知っちゃったら絶対にねぎを立てたくなる！　この鍋は着物の女将さんがいらっしゃるような店で出てもおかしくない。「外、寒いですね」って言いながらこのお鍋を出してほしい。

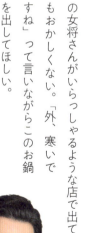

休日課長のレシピポイント

## コクうまキムチ鍋

- 長ねぎはみじん切りにして、豚バラと一緒に**炒めてから煮る**。
- もやしはシャキシャキ感を残すために**最後に入れる**。
- おろししょうがは最後に**トッピングとして入れる**。

リュウジのレシピポイント

## 世界一長ねぎをおいしく食べる鍋

- この鍋は**ねぎをまるまる食べる**のがポイント！
- できれば**小さめの土鍋**がベスト。
- かつお節は口の中に残らないようにするために、**レンチンして粉々**にする。
- **具材を全部入れて**から火にかけてOK。

recipe trade

14

双松桃子のレシピ
「**関西人が作る本気のお好み焼き**」

リュウジのレシピ「**至高の豚汁**」

リュウジの弟子／モテ料理研究家

# 双松桃子

# 料理研究家の「見せ方」がわかる師弟愛レシピトレード

×

**リュウジ**

recipe trade 14

双松桃子のレシピ

# 関西人が作る本気のお好み焼き

**材料（2人分）**

・キャベツ…1/8個
・ねぎ…半束
・こんにゃく…1/4枚
・卵…2個
・豚肉…100g
・山芋…100g
・小麦粉…大さじ2
・めんつゆ（3倍濃縮）…大さじ2
・お好み焼きソース…大さじ4
・ピザ用チーズ…適量
・トマト…1/2個
・レモン…1個
・青のり…適量

**作り方**

1. ボウルに山芋をすりおろし、小麦粉、めんつゆ、卵を入れ混ぜ合わせる。
2. ねぎを小口切り、キャベツとこんにゃくを粗いみじん切りにする。1に加え、優しく空気を入れるようにふんわりと混ぜる。
3. ホットプレートに豚肉を敷いて、その上に2をおたま1杯程の大きさで焼く。
4. トマトをダイスカットし、お好み焼きソース大さじ4を混ぜる。ピザ用チーズを加えて混ぜ、食べる直前にラップせずにレンジで1分半加熱。お好み焼きにかけ、青のりをふる。
5. レモンを切っておく。お好み焼きにレモンをしぼり、めんつゆ（分量外）をかける。お好み焼きにレモンのスライスを飾る。

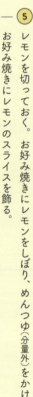

## 料理研究家の見せ方って？ 愛弟子とのレシピトレード

**リュウジ** 桃子は長いこと僕のアシスタントとして修行してきたよね。もうかれこれ500レシピ以上、僕の料理を作ってるかな。

**双松** もう3年になりますね……。私は「モテ料理研究家」を名乗っているので、今回のレシピもモテ要素ありです！

**リュウジ** 料理家を名乗るコンセプトとしてはアリだけどさ、なんで毎回かたくなにモテようとするのよ。(笑)

**スタッフ** リュウジさん、師匠というよりプロデューサー目線なんですね。

**リュウジ** 桃子はもともと料理ができるから、僕は「料理研究家としての自分の見せ方」を教えてるんです。そういう意味では今回のレシピトレード、料理研究家になりたい人にとって、参考になるかもね。

**双松** じゃあ、まずはお好み焼きの生地を作っていきます。山芋をすりおろしてください。

**リュウジ** 僕は特異体質で、山芋を素手で触ってもかゆくならないんだよね。皆さんは山芋をすりおろすときは、手袋とかしたほうがいいですよ。

**双松** 山芋のすりおろしに、小麦粉、めんつゆ、卵を混ぜ合わせます。

**リュウジ** この生地、小麦粉がめっちゃ少ないね。

**双松** 粉が少ないからこそ、ふわっとした

軽い食感になるんです。お酒を飲むとき、ずっしりした重いお好み焼きは食べられないけど、これなら軽いから食べられます。

**リュウジ** 糖質を抑えられるからいいね。

**双松** 次はねぎを小口切り、キャベツとこんにゃくを粗みじんにしてください。

**リュウジ** お好み焼きにこんにゃくを入れるなんて聞いたことない。

**双松** 私の地元である大阪の藤井寺では、お店のお好み焼きにもこんにゃくが入っています。こんにゃくを入れることで、食べごたえがアップするんですよ。みじん切りにした野菜たちを生地に入れ、優しく空気を入れるようにふんわりと混ぜます。

**リュウジ** 最初は粉が少なくてビックリしたけど、他の具材を入れたらなんかいい感じになったね。

**双松** そうなんです。めんつゆが入ってるから生地そのものがおいしいんですよ。

## モテレシピのポイントは、和洋折衷なお洒落ソース

**双松** 生地の準備ができたので、お好み焼きにかけるソースを準備していきます。今回は、「めんつゆレモン」と「トマトチーズソース」の2種類。まず、トマトをダイスカットして、お好み焼きソース大さじ4とチーズを加えて混ぜます。

**リュウジ** トマトとチーズならまだわかるけど、お好み焼きソース入れるの? 信じがたいわあ。でも、ケチャップが入ってるか

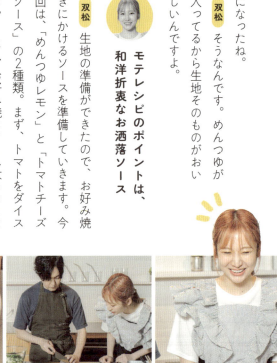

ら、成分的にはおかしくないのかな……。

**双松** 混ぜたら、そのまま置いておきます。これを食べる直前にレンジで温めて、お好み焼きにかけるんです。次は、レモンをカットしてください。お好み焼きの上にしぼる用と、のせる用の薄切りです。

**リュウジ** このお好み焼き、超簡単だな。面倒な工程って山芋をすりおろすくらいで、あとはあっという間だね。

**双松** では、豚肉をフライパンに丸くなるように並べて、その上に、生地をおたま1杯分のせてください。生地がゆるいのでおたま1杯でちょうどいい大きさになります。

**リュウジ** やっぱり、粉が少ないから生地が柔らかいね。

**双松** 強火にすると中まで火が通る前に焦げちゃうので、中火でじっくり火を通してください。裏にちゃんと焼き目がついたら、ひっくり返すタイミングです。それから、さっき準備しておいたトマトチーズソースを、ラップせずにレンジで1分半チンします。

**リュウジ** 大丈夫？　王道のソースとマヨネーズに勝てるのか、これ。見た目がカレーみたいだな、うまそう。

**双松** 「めんつゆレモン」のほうは、めんつゆをまんべんなくかけて、そこにレモンをたっぷりしぼってください。上にレモンの薄切りを飾ったら完成です！

**リュウジ** すごい、こんな食べ方があるんだ！　さすがモテ料理研究家、お好み焼きと思えないほど見た目が映えるな～！

## リュウジもベタ褒め！プロの料理研究家の誕生

**双松**　（不安そうに）…どうですか？

**リュウジ**　……めちゃくちゃうまい！　いや、これはちょっと想像を超えてきた。二日酔いのコンディションでも何枚でもいける。お好み焼きにレモンって合うんだね。

**双松**　リュウジさんに褒められるとすごく嬉しいです！

**リュウジ**　弟子だから褒めてるわけじゃないよ。僕はダメだったらダメってはっきり言うからね。でも、このお好み焼きはどっちも超うまい。ホームパーティーとかでやったら絶対ウケる。

**双松**　モテ料理ですから（笑）。

**リュウジ**　たしかに、これはモテ料理と言っても過言じゃない。もう大丈夫だわ、桃子は。料理研究家として独り立ちできる。僕が保証する。

**双松**　がんばって続けてよかった～！　そう言ってもらえるまでに3年かかりましたけど（笑）。

**リュウジ**　僕が桃子に仕事を取ってきてあげることもできたけど、それじゃあ桃子が成長できない。桃子が独り立ちできるタイミングを見計らってたんだよ。万が一、僕が不祥事で消えたりしても、桃子はこの業界で生き残れるように。

**双松**　消えないでください（笑）。でも、リュウジさんと出会って人生が変わりました。今、仕事が本当に楽しいです！

recipe trade 14

リュウジのレシピ

# 至高の豚汁

僕の豚汁はもつ煮がベースだから、これ一つでおかずになるよ！（リュウジ）

**材料（2人分）**

・豚バラ肉…280g
・塩…ひとつまみほど
・こしょう…適量
・ごぼう…150g
・大根…200g
・こんにゃく…250g
・にんじん…100g
・しょうが…10g
・にんにく…2片
・長ねぎ…1本
・ごま油…大さじ1
・水…1000cc
・白だし…大さじ4
・味噌…大さじ4
・みりん…大さじ2
・酒…大さじ2

**作り方**

1. にんじんは半月の薄切り、大根はいちょう切り、長ねぎは斜め切りにする。にんにくは底を切り落として皮を剥いておく。こんにゃくはぬるま湯で洗い、スプーンで適当な大きさに切る。ごぼうはアルミホイルを丸めたもので洗い、斜め切りにする。豚バラ肉は塩とこしょうで下味をつけておく。
2. フライパンもしくは鍋にごま油を熱してごぼうを炒めたら、豚バラを半分ほどにちぎりながら加える。
3. 豚肉に火が通ったら、大根とにんじん、こんにゃくを加え炒める。
4. 野菜に照りが出てきたら、水と調味料を加え混ぜ、一度強火で沸かす。
5. 沸いたら弱中火にして20分煮込む。
6. にんにくとしょうがをすりおろして加え、少し煮込む。
7. 最後に長ねぎを加え、少し火が入るまで煮込む。

## やらなくていいことはやらない

**リュウジ** 豚汁って味噌汁をベースに作ることが多いけど、僕の豚汁はもつ煮がベース。だからすごく流行ったんだと思う。この豚汁さえ作っておけば、他のおかずはいらないくらい。

**双松** リュウジさんの豚汁は、にんにくとしょうががきいていておいしいですよね。

**リュウジ** 大根もにんじんも、皮はむかなくていいよ。どうせ煮ちゃうから、皮つきでもぜんぜん気にならない。僕は、やらなくてもいいことはやらないから。

**双松** たしかに、煮込めば皮つきでも食感変わらないですよね。

---

**リュウジ** ねぎは斜め切りで。

**双松** ねぎは最後に入れるんですよね。

**リュウジ** そう、食感を残したいからね。クタクタにしないのがポイントです。こんにゃくはぬるま湯で洗い、スプーンで適当な大きさに切る。

**双松** こんにゃく、リュウジさん以前は手でちぎってましたよね。

**リュウジ** 今はスプーンで切ってる。衛生的にもこっちのほうがいいし。包丁で切るより表面積が多くなるから、味が染みやすくなるんだよね。

**スタッフ** ごぼうはささがきじゃなくて斜め切りなんですね。

**リュウジ** ささがきは面倒だから。

**双松** 次、レシピには「豚バラを半分ほど

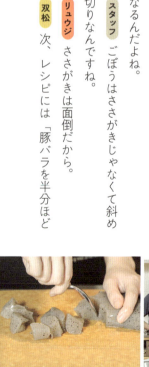

にちぎりながら加える」って書いてありますけど…。

**リュウジ** ちぎってもいいし、切ってもいいよ。こだわりがあるわけじゃないから。

## 味噌を先に入れ、アクはとらない斬新さ

**リュウジ** 僕の汁物のレシピって、味噌汁というよりは鍋やラーメンスープに似てるんだよね。

**双松** そういう味が好きな男性は多いですよね。

**リュウジ** 鍋にごま油を熱してごぼうを炒めたら、豚バラを加える。

**双松** 肉が鍋底にくっつくなぁ。

**リュウジ** くっついても水入れるから大丈夫。

具材、もうぜんぶ入れちゃっていいよ。豚肉の脂が全体に回って野菜に照りが出てくるまで炒めて。

いい感じに照りが出てきたね。もう水を入れていいよ。ポイントは、味噌も含めてすべての調味料を入れて煮込むこと。「味噌を沸かすなんて信じられない！　味噌は最後でしょ！」と言う人もいるけど、あえて先に味噌を入れてるの。それがうまいんだから。

**双松** 調味料は入れるけど、にんにくとしょうがはまだ入れないんですよね。

**リュウジ** そう。煮込むと風味が消えちゃうからね。沸騰してきたら、ふたをして、中弱火にして20分待つ。

**双松** リュウジさんの豚汁はアクを取らな

いんですよね。

**リュウジ** 食べればわかるんだけど、この豚汁は雑味がないとうまくないから。アクを取るとさっぱりしちゃって物足りないの。20分ほど煮込んだら、にんにくとしょうがをすりおろして加え、少し煮込む。

**双松** にんにくとしょうがを入れたら一気にもつ煮のような匂いになりましたね！

**リュウジ** これで2、3分煮込んで、ねぎも入れちゃうか。ねぎは超重要。入れると入れないとでは味が90度ぐらい違う。

**双松** 90度！

**リュウジ** フライパンで作った場合は煮つまり具合が変わってくるから、この時点で味見してください。味が足りなかったらちょっと味噌を足せばいいので。これで、誰もが喜んでくれる豚汁の完成！

## 「味の素使い」継承？料理研究家に大事なこと

**リュウジ** やっぱりいつ食べてもうまいな。

**双松** 豚汁ってごま油を入れすぎたらごま油の味になっちゃうけど、このレシピはちょうどいいんですよね。

**リュウジ** 火を入れてるから、香りがいい感じに飛ぶんだよね。火を入れたごま油と入れないごま油はぜんぜん違うから。

**双松** 勉強になります！

**リュウジ** 僕もそうだけど、桃子もこれから認知度が上がるにつれて、人からいろいろ言われることが増えると思うよ。「料理をちゃんと習ってきてないんじゃないか」と

か。

**双松** リュウジさん、今まで一番言われた言葉はなんですか？

**リュウジ** 「料理研究家のくせに味の素を使うな」だね。不思議なもので、白だしや鶏ガラスープやコンソメを使ってもなにも言われないのに、味の素だけいろいろ言われるの。味の素って、グルタミン酸とイノシン酸がぜんぶ入ってる万能調味料なのに。

**双松** 料理研究家で味の素を使う人、リュウジさん以外ほとんどいないですしね。

**リュウジ** 桃子も使わないよね。

**双松** 使わないですね。なんで使わないのか、自分でも説明できないんですけど…。

**リュウジ** 感覚派だから説明できないんだね。弟子なんだから、僕の「味の素使い」を受け継いでよ。

**スタッフ** 双松さんみたいに料理研究家になりたい人は、まず何からはじめればいいですか？

**リュウジ** 発信を継続していくしかないと思います。継続しないと、咲くものも咲かない。種をまいて絶えず水を与えていかないと、花は咲かないからね。

**双松** がんばります…！

**リュウジ** でも、まずは本当においしいものを作れること、それが第一。おいしいものを作れて、発信を継続できるようになったら、あとは見せ方を考えればいい。

**双松** これからも、見せ方を学んでいきます！

双松桃子のレシピポイント

## 関西人が作る本気のお好み焼き

- ふわっとした食感を作るために、**小麦粉は少なめ**。
- めんつゆが入っているから**生地自体がおいしい！**
- 生地がゆるいので**おたま1杯分**でちょうどいい大きさになる。

リュウジのレシピポイント

## 至高の豚汁

- ねぎは斜め切りで、**食感を残すために最後に入れる**。
- **こんにゃくはスプーンで切る**と、表面積が多くなり味が染み込みやすい。
味噌も含めて**すべての調味料を入れて煮込む**のがポイント！
- フライパンで作った場合は煮つまり具合が変わってくるから味見して、
**足りなかったら味噌を足す**。

# 「絶対味覚」が作る<br>センスあふれる<br>簡単パスタのレシピトレード

ロックバンド「フジファブリック」のキーボード

## 金澤ダイスケ × リュウジ

recipe trade

15

金澤ダイスケのレシピ
「**マヨネーズカルボナーラ**」

リュウジのレシピ
「**至高の和風きのこパスタ**」

金澤ダイスケのレシピ

# マヨネーズカルボナーラ

## 材料（2人分）

・パスタ…200g
・マヨネーズ…大さじ4
・卵…2個
・パルメザンチーズ（粉）…大さじ4
・パンチェッタもしくはベーコン…100g
・粗挽き黒こしょう…少々
・塩…適量
・オリーブオイル…大さじ1

## 作り方

① ベーコンを1㎝幅に切る。

② フライパンを中火で熱しオリーブオイルを入れ、①をカリカリに炒める。

③ ボウルに、マヨネーズ、卵、パルメザンチーズ、黒こしょうを入れて混ぜる。

④ 鍋に湯を沸かし、塩を入れ、パスタを茹でる。

⑤ ②と茹で上がったパスタを③に入れ絡めて、お皿に盛り、上からチーズ（分量以外）と黒こしょうをかけたら出来上がり。

## はたして、これは「カルボナーラ」なのか？

**リュウジ** 僕はカルボナーラにマヨネーズを使ったことがなくて。マヨネーズはどこのメーカーがいいですか？

**金澤** どこのメーカーでもいいですよ。これ、本当に簡単なんですよ。10代の頃になんとなく思いついて、ずっと作っています。

**リュウジ** それは期待できますね！

**金澤** カルボナーラって本来は全卵を使わないじゃないですか。だから、はたして本当にカルボナーラと名乗っていいのか、自信はないんですけど（笑）。

**リュウジ** 原理主義というか、保守的な方には「これはカルボナーラじゃない！」って言われちゃうかもしれませんね（笑）。

**金澤** とはいえ手順はほぼ普通のカルボナーラなので、まずはベーコンを切って、中火で炒めます。オリーブオイルがないときは、油であればなんでもいいです。

**リュウジ** 料理ってそのくらい幅があるほうがいいですよね。ベーコンはカリカリにしますか？

**金澤** カリカリでもいいし、やわらかめでもいいです。個人的にはカリカリにしたほうが、食感にギャップがあって好みですね。次は、卵と粉チーズとマヨネーズを「1：1：1」でボウルに入れてください。黒こしょうも入れて混ぜちゃいましょう。

**リュウジ** 僕のパスタのレシピって、フライパンで具やソースと一緒に麺を茹でるワン

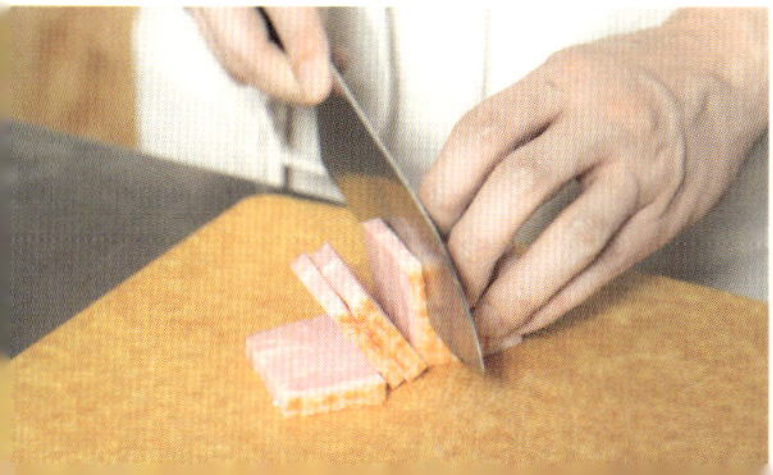

パンパスタが多いんですよ。イタリアンの保守的な人からは「ワンパンは邪道」って言われちゃう。

**金澤** でも、ワンパンで作ると絶対おいしいんですよね。だって、麺がフライパンの中で具やソースの味を吸うから。

**リュウジ** そうそう。僕も昔は「簡単」や「手抜き」のニュアンスでワンパンを提唱してきたんですけど、最近は「あえてワンパンで作ったほうがおいしい場合もある」と伝えてます。

## マヨネーズの酸味のゆくえは？

**リュウジ** 料理をする人には「パスタを茹でるときお湯に塩何g入れるか問題」がありますけど、金澤さんはどんな感じですか？僕は1%くらいなんですけど。

**金澤** それでいうと1ℓに15gくらいかな。でも、水も塩も計りません。感覚で入れて、味見する感じ。

**リュウジ** パスタの太さにこだわりはありますか？

**金澤** こだわりはないです。でも一時期、真鍮製のパスタマシーンで作る麺にハマってました。麺の表面がザラザラしてるから、ソースがよく絡むんですよ。

　ザラザラ系の麺、おいしいけどあまり売ってないですよね。茹で上がったら、ザルにあげずにトングで麺をボウルに入れてください。そのほうが、熱い状態のまま入れられるので。いわゆる釜玉です。

**リュウジ** アツアツだ！

**金澤** もし水分量が足りないようだったら、茹で汁を加えてください。

**リュウジ** マヨネーズの酸味がどうなるのかが気になりますね。

**金澤** 酸味はね、意外と消えるんですよ。マヨネーズのクリーミーさだけが残って、ちょうどいい感じになる。

**リュウジ** たしかに、すでにマヨネーズの香りがけっこう飛んでる。麺の熱が加わったからですね。

**金澤** じゃあ、ボウルにベーコンと黒こしょうを入れて混ぜてください。

**リュウジ** 水分量もちょうどいい感じ。ソースもいい具合に固まってますね。

**金澤** 盛りつけたら、さらに黒こしょうと粉チーズをかけましょう。これでマヨネーズカルボナーラの完成です！

**リュウジ** めっちゃ簡単だった！ レシピトレードでここまで簡単なのはめずらしい。

## 絶対音感はないけど、「絶対味覚」はある

**リュウジ** うまい！ もっとマヨネーズの味が強いのかと思ったけど、マヨっぽさは意外と消えますね。カルボナーラと言われてもぜんぜん違和感がないです。

**金澤** 意外とマヨネーズ感ないでしょ。

**リュウジ** 言われなかったらマヨネーズ使ってるってわかんないかも。これは目からうろこだわ。あらためて「簡易的に作るレシピ」の良さを思い出す味です。

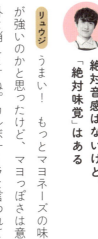

金澤　これ、リュウジさんのレシピにありそうですよね。

リュウジ　ありそうなのに意外となかった。これってきっと、普通にフライパンで作ったらダマになりますよね。ボウルで混ぜるからダマにならないところがすごくいい。しかもザルも使わないし。

金澤　簡単でしょ。

リュウジ　簡単に作るのも大事ですよね。長く料理研究家をやっていると、視聴者もレベルが上がってくるんですよ。僕は登竜門だから、みんなレベルが上がると他の料理家さんのレシピに行くの。で、いろんな料理家さんを転々として最終的にまた僕に戻ってくる（笑）。料理って毎日のことだから、簡単じゃないと続かないんですよ。

---

金澤　リュウジさんのレシピ、冷蔵庫にあるものですぐできますもんね。

リュウジ　金澤さんはきっと感覚派というか、あまりレシピを考えなくても最終的においしいものを作れちゃう人ですよね。

金澤　そうかも。僕、料理を食べたら、ある程度は何が入っているかわかるんですよ。絶対音感はないけど「絶対味覚」はある。

リュウジ　僕もわりとそうかも。この前、「天下一品」のラーメンの豚骨スープや鶏ガラスープの舌に残るとろみを再現したくて、鶏肉や野菜をミキサーにかけたものにゼラチンを入れたら、かなり正確に再現されました。

金澤　「絶対味覚」だ！　いやぁ、リュウジさんさすがです。

リュウジのレシピ

# 至高の和風きのこパスタ

入れるきのこによって味わいが変わるよ。（リュウジ）

**材料（2人分）**

・しめじ、舞茸、エリンギ…合わせて240g
・塩…小さじ2/3
・油…大さじ2
・にんにく…4片
・ベーコン…70g
・水…500cc
・日本酒…100cc
・昆布茶…小さじ2
・パスタ…200g
・醤油…小さじ4
・砂糖…小さじ1
・バター…20g
※お好みで小ねぎ適量

**作り方**

1. にんにくを刻み、ベーコンは細切りにする。エリンギは輪切りにして、舞茸としめじは割いておく。
2. エリンギと舞茸、しめじをボウルに入れ、塩を振って混ぜ10分ほど置く。
3. フライパンで油を熱してにんにくを炒め、シュワシュワしてきたらベーコンを炒める。
4. きのこを加えて中火で炒め、きのこが縮んできたら水と日本酒、昆布茶を加える。
5. 沸いたら具材と一緒にパスタを中火で5分茹でる。
6. 水気がなくなったら醤油、砂糖、バターを加えて和え、お皿に盛って完成。

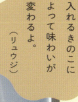

## きのこに塩を振って寝かせるのがリュウジ流

**リュウジ** まずはにんにくを刻みましょう。

**金澤** リュウジさんに見られながらリュウジさんのレシピ作るの、緊張するな〜。

**リュウジ** 上手い人の料理ってね、見てて楽しいんですよ。ベーコンはどんなものでもOK。なければツナ缶とかでも大丈夫です。エリンギは具材感が出るので厚めに切ってください。これね、他のきのこでもいいんですよ。しいたけとか。

**金澤** しめじはどの程度ほぐします？

**リュウジ** お任せします。粗くほぐせば具材感が出るし、細かくほぐせば一体感が出ますね。ここで、きのこに塩を振って混ぜておきます。こうすると浸透圧できのこから水分が出て、きのこの味がキュッと締まるんですよ。あと、香りが出る。

**金澤** 僕はきのこを冷蔵庫に入れるとき、あえてラップをかけずに乾燥させます。そうするとおいしくなる。

**リュウジ** たしかに、きのこは乾燥することで味が凝縮されますよね。ドライポルチーニとか乾燥しいたけとか。フライパンで油を熱してにんにくを炒め、シュワシュワしてきたらベーコンときのこを炒めます。きのこは、出てきた汁ごと入れてください。

**金澤** このレシピは味の素を使わないんですね。

**リュウジ** そうなんです。最近は逆に、「味の素なしでどこまでやれるか」みたいなこ

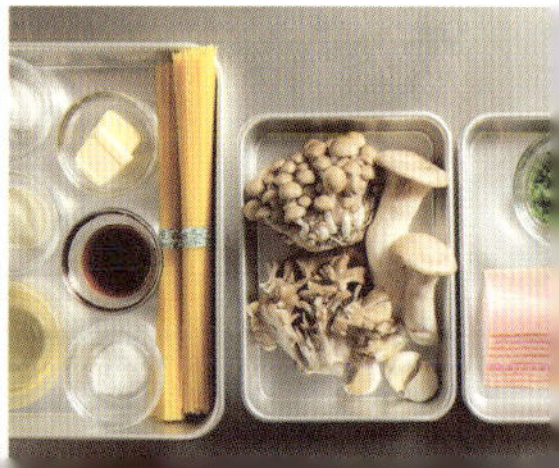

ともやってます。

**金澤** きのこは何種類か入れたほうがおいしいですか？

**リュウジ** なければ1種類でもいいんですが、きのこって複合的な旨味があるから、重ねるとより味わいが深くなりますね。でも、入れるきのこによって変わってきます。

## 麺が汁の旨味を吸う ワンパンパスタ

**リュウジ** お湯が沸いてきたのでパスタを入れましょう。フライパンの上にパスタを立ててひねりながらぐっと押し込む感じで。

**金澤** ワンパンパスタ、麺が汁の旨味を吸うのがいいですよね。

**リュウジ** そうそう。ただ、ワンパンパスタはアルデンテにはしにくいんですよ。

**金澤** たしかに。麺が柔らかくなっちゃいますもんね。

**リュウジ** 水分量を減らすとか超強火でやっちゃうとか、アルデンテにするやり方もあるにはあるんですけどね。これはもう好みの問題。僕はそこまでアルデンテにこだわりはないかも。

　汁気がちょうどよくなってきたので、仕上げに醤油と砂糖とバターを入れます。砂糖の代わりにみりんでもいいですよ。香りが飛ばないように、最後に入れるのがポイント。

**金澤** お店の香りがする！

**リュウジ** お好みで万能ねぎを散らしたら完

成です！

## ニッチな食材を使いたくなってきた

**金澤** きのこのうま味がすごいですね。

**リュウジ** 僕のレシピだけあって「うま味好きな奴が作ったな～」って味がする（笑）。

**金澤** ちゃんと麺の中にうま味が入ってる。ワンパンパスタの良さが出てますよね。ソースと麺の一体感がすごい。

**リュウジ** これがワンパンパスタと別茹でパスタとの違いですよね。どっちがいいとかじゃなくて別物っていう。

**金澤** しかも酒飲みの作る味ですよね。日本酒が合いそう。

**リュウジ** ワインを合わせてもいいかも。

僕のレシピってみんなに作ってもらってなんぼだから、手に取りやすい食材や調味料しか基本使わないようにしてるんですね。だけど最近、ニッチな食材を使いたい気持ちがあって。

**金澤** そろそろリュウジさんもニッチな食材や調味料を提案するフェーズに入ってきたのかもしれませんよ。たとえばナンプラーとか薄口醤油とか、普段あまり買わないような調味料でも、一本使い切るところまでリュウジさんがレシピを提案してくれたら、みんな買うんじゃないかな。

**リュウジ** たしかに「みんなが一本使い切るところまで責任を持たなきゃいけない」っていうのはありますね。金澤さんはご実家がレストランということで、小さい頃から

お料理をされてたんですか？

**金澤** はい。小学生のとき、将来はシェフになりたいなと思って親にそう言ったんですけど、「あんたは同じものを二品と作れない性格だから向いてない」って言われて。

**リュウジ** わかる！　僕も毎日違うものを作りたくなっちゃうから、性格的に向いてない。どんな日も同じものを同じクオリティでお客さんに提供しつづけるって、すごいことですよね。たぶん僕や金澤さんは、同じものを作るより新しいものを生み出すほうに意識が向いちゃうタイプ。いつ頃ミュージシャンになろうと思ったんですか？

**金澤** 高2くらいですかね。今、夢がすべて叶ってます。ミュージシャンだし、仕事で料理をする機会もあるし。

**リュウジ** 僕も一時期、ミュージシャンに憧れていたんですよ。声を仕事にしたくて、声優さんかボーカリストになりたかった。でも、性格が引っ込み思案だから…。

**金澤** ミュージシャンはね、引っ込み思案の人が多いですよ。プライベートではシャイみたいな。

**リュウジ** たしかに、僕の知り合いもそうかもしれない。

**金澤** ミュージシャンじゃなくても、有名人が歌を出すことってあるじゃないですか。だからリュウジさんももしかしたら…。

**リュウジ** いやいやいや（笑）。僕、酒めちゃくちゃ飲むから声が出ない日もあるんですよ。だからやっぱり歌は向かないかな。僕は料理研究家でよかったです。

金澤ダイスケのレシピポイント

## マヨネーズカルボナーラ

- オリーブオイルがなければ、**他の油でもOK**！
- ボウルに卵、粉チーズ、マヨネーズ、黒こしょうを**一緒に**混ぜておく。
- ベーコンは**カリカリがおすすめ**。

リュウジのレシピポイント

## 至高の和風きのこパスタ

- ベーコンはどんなものでも、なければ**ツナ缶でもOK**。
- エリンギは具材感を出すために**厚めに切る**。**きのこに塩を振って混ぜて寝かせておく**と、味が締まって香りが出る。
- 仕上げの醤油と砂糖とバターは、**香りが飛ばないように最後に入れる**。

recipe trade

16

# お手軽なのに凝って見える「おもてなし料理」のレシピトレード

山本ゆりのレシピ「**ザクザク塩レモンチキン**」

リュウジのレシピ「**革命ローストポーク**」

料理研究家

## 山本ゆり

×

リュウジ

recipe trade 16

山本ゆりのレシピ

# ザクザク塩レモンチキン

**材料（2人分）**

・鶏もも肉…1枚（300g）

A
塩…小さじ½
砂糖…小さじ½
チューブのにんにく…2cm
レモン汁（※）…大さじ1
酒…大さじ1
サラダ油…大さじ1

※レモン汁はあれば生の方がおいしいですが、手軽な市販のレモン果汁でも

・小麦粉…大さじ4

B
片栗粉…大さじ5〜6
顆粒鶏ガラスープの素…小さじ1
粗挽き黒こしょう…小さじ½

・揚げ油…適量
・好みでパクチーもしくはリーフレタス

【ハニーレモンマヨソース】

C
レモン汁…大さじ½
はちみつ…大さじ½
牛乳…大さじ½
マヨネーズ…大さじ2

**作り方**

1. 鶏肉を大きめの一口大に切ってフォークで穴を開け、ポリ袋にAとともに入れてもみこみ、15分以上おく。別の袋にBを合わせておく。
2. Aの袋に小麦粉を入れてもみこみ、Bの袋にうつし、しっかりまぶす。
3. フライパンに揚げ油を1cmの深さまで入れて中火で熱し、①の鶏肉を入れる。
4. こんがりしたら裏返し（はねるときはペーパータオルをかぶせる）、弱〜中火で3〜4分揚げ、油をよく切る。
5. 合わせたC、好みでパクチーを添えて盛る。

## 小麦粉と片栗粉のW使いがポイント

**リュウジ** 僕もゆりさんもお手軽レシピで知られてるけど、そんな僕らがおもてなし料理を作ったらどうなるのか。

**山本** まずは鶏もも肉を一口大に切ってください。お好みの大きさで。切ったら、鶏もも肉にフォークで穴を開けてください。味が染み込みやすくなって、下味をつける時間を短縮できます。

**リュウジ** 出た、時短テクニック！

**山本** 穴を開けたら袋に鶏肉と調味料を入れよくもみこみ、15分ほど置いておきます。

**リュウジ** ゆりさんの調味料の配分ってわかりやすいよね。僕は「小さじ1／3」とか書くこともあるけど、ゆりさんはだいたい1とか2とかにする。

**山本** でも、リュウジさんのレシピはこだわりが伝わってきて好きですよ。絶対おいしいのがわかります。

この間に、もう一つの袋に片栗粉大さじ6と調味料を入れてください。黒こしょうは子どもが食べるんやったらこの時点では入れないで、お肉を揚げてから、大人が食べるやつだけにかけます。

**リュウジ** さすが！　ゆりさんは家庭があるから、子どもが食べるときのこともよく気が付くよね。

**山本** よく聞かれるので、一応です！　15分経ったら、小麦粉を大さじ4入れます。ここがポイントで、片栗粉と小麦粉を両方

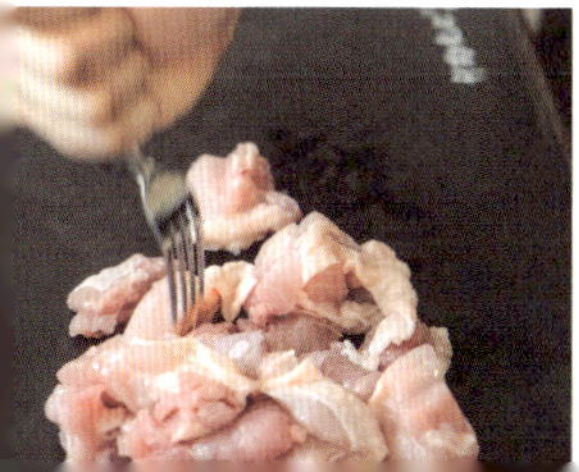

使うんですけど、先に小麦粉を入れてお肉にもったりとまとわせるんです。

**リュウジ** すごい、僕がやったことない調理法だ。僕、お肉はだいたいバットで下味つけて、粉もバットでつけるから。

**山本** バットでやったら粉がこぼれへん？

**リュウジ** そう、周りが粉だらけになる。しかもバットに粉が残るからもったいないんだよね。その点、ゆりさんの袋はすべてを解決する。すごいわ、これ。

**山本** では、片栗粉の袋の中にお肉を入れて、粉をまぶしてください。一気に入れると団子みたいになってしまうから、半分ずつ入れましょう。

**リュウジ** これ、最初に小麦粉をもみこんでるからかなり衣にボリュームが出そう。

---

**山本** 手が汚れるけど、手を使ってしっかり粉をまぶしてください。今回、お肉を小さく切ったぶん表面積が増えてるから、片栗粉が足りないかも。足りなかったら足してくださいね。

## 揚げるときに使えるちょっとした小技！

**山本** では、揚げ焼きにしていきます。弱めの中火くらいで。こんがりしてきたら裏返します。油がハネるときは、鶏肉の上にペーパータオルをかぶせるの、オススメです。そうするとハネてこないし、ふたじゃないから蒸気がこもらないんです。

**リュウジ** すげぇ！　目からウロコだわ。

**山本** ただ、絶対にペーパータオルがフラ

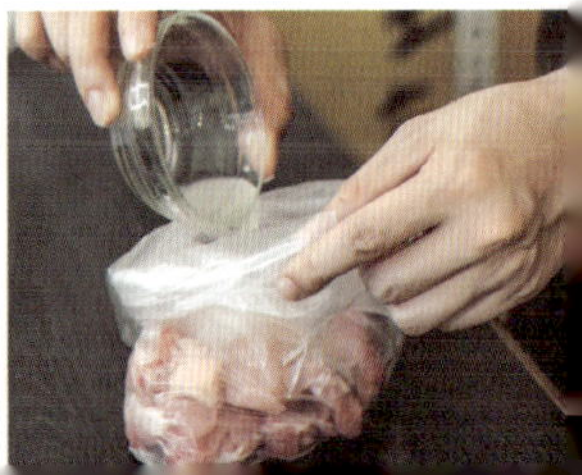

イパンの外に出ないよう気を付けてください。引火したら大惨事になるんで！　次は、ソースを作ります。最初に牛乳とマヨネーズを混ぜたほうが分離しなくていいかも。レモン汁の酸味をはちみつで中和するから、ちょうどいい味になるんですよ。はちみつがなかったらお砂糖でもいいです。お砂糖だったら、はちみつより多めに。

リュウジ　はちみつのほうが甘いもんね。揚げた鶏もも肉をお皿に盛り付けて、と。鶏もも肉1枚でこんなにできるんだ。まるでパーティーバーレルじゃん。

山本　そう、1枚でたくさん食べられるから安上がりで経済的なんです。今、食材が値上がりしてますしね。

リュウジ　毎日料理してるとコストって大事だからね。安上がりなレシピを教えてくれるのは非常にありがたい。

## 不器用だけど料理研究家になった第一人者

リュウジ　めっちゃうまい！　ザクザク感がすごいですね。これは酒が進んじゃうな。家でここまでザクザクに作れるレシピってなかなかないですよ。

山本　小麦粉と片栗粉を2段階に分けてつけることによってこのザクザク感が出るんです。どちらか一方だけだとこの食感にはならなくて。

リュウジ　下味にレモンが入ってるから、ほのかな酸味が残ってさっぱりいただけますね。このソース、にんにくを入れてもパン

チがきいておいしくなると思う。

**山本** リュウジさん、チューブのにんにくはあまり使わないですよね。

**リュウジ** そう。チューブにんにくと生にんにくは別物だって思ってる。

**山本** 私も別物だと思う。ただ、「生にんにくがないから作るのやめよう」ってなるよりは、チューブで代用してでも作ってほしいから、「チューブしかなかったらチューブでもいいですよ」って言っちゃう。

**リュウジ** ゆりさん、優しいね。俺は「代用できますか?」って言われたら「買え!」って言っちゃうもん。

**山本** そこがいいんですよ！ 観てる人も気持ちいい！ 私が料理ブログを始めた頃は、「料理家」というと、テレビに出ている有名な先生方がほとんどで。到底かなわないから、素人の私は、読者の質問や代用に答えることでなんとかやってきたのもあります。

**リュウジ** その点、ゆりさんはブログから有名になったんですよね。「ネット発の料理研究家」の第一人者かも。

**山本** いやいや、ぜんぜん第一人者じゃないですよ。ただ、私より先に活躍されてた方は、みなさんめちゃめちゃ料理上手なんです。だから、「不器用で料理があまり上手じゃないのに料理本を出した人」というくくりでは初めてなのかもしれない。

**リュウジ** それは、料理ができない人からすると勇気になるよね。

recipe trade 16

リュウジのレシピ

# 革命ローストポーク

材料（2人分）

・豚ロースブロック…350g
・塩…3・5g
・こしょう…適量
・おろしにんにく…1片
・オリーブオイル
・玉ねぎ（みじん切り）…60g
・日本酒…150cc
・コンソメ…小さじ1
・塩…ひとつまみ
・バター…20g
・薄力粉…小さじ⅓
・こしょう…適量

作り方

1 豚ロースブロックに穴を開け、重量の1%の塩、こしょう、おろしにんにくをすり込み、15分おく。

2 オリーブオイルで全体を焼いて粗熱を取り、ラップをして600W3分10秒チンしてアルミホイルにくるみ、タオルを巻くかミトンに入れて20分おく。

3 ポークを焼いたフライパンで玉ねぎを炒め、日本酒、コンソメ、塩を加えて煮詰め、バターと薄力粉を混ぜたものでとろみをつけ、肉汁、こしょうを加える。

4 切り分けた肉に3をかけ完成。

## 料理研究家は使える素材が限られる

**リュウジ**　これ、レンジもフライパンも両方使うレシピなの。簡単で失敗しにくいし、かなり「おもてなし感」も演出できるよ。

**山本**　楽しみ〜！

**リュウジ**　まず、玉ねぎをみじん切りにしたら、味を染み込みやすくするためにお肉に穴を開けます。穴を開けたら、お肉の重さの1％の塩で下味をつけます。このお肉なら、塩は3・5gだから小さじ半分ちょい。そのあと、こしょうを両面にまんべんなくかけてください。次はにんにくをすりおろします。これはチューブより生にんにくを使ってほしいかな。そのほうが絶対においしいから。ここで15分おいて、お肉に下味をなじませます。

**山本**　リュウジさんって「うまみ」へのこだわりがすごいですよね。

**リュウジ**　うん、うまみをつけると市販の味に近づくから。「うまい！」って言わせるためにはっきりとした味付けになる。

**山本**　ちょっと良いお店や料理人の方の料理って、シンプルに塩だけでもめちゃめちゃおいしいじゃないですか。でもそれは、いいお肉で、いい油で、良い塩で作ってるという前提があったりする。スーパーで買った一番安いお肉で「うまい！」と思える味にするのは、また変わってきますよね。

**リュウジ**　そう！　僕らが「まずA5ランクの黒毛和牛を用意してください」って言い

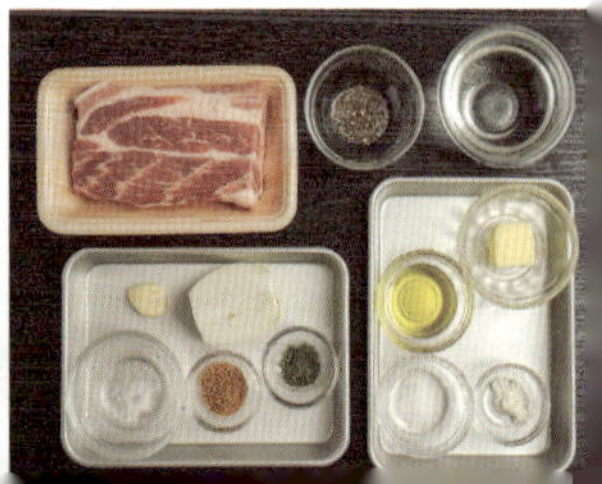

出したら、それは叩かれていい（笑）。

## お肉を保温するために〇〇を使う！

**リュウジ**　フライパンにオリーブオイルを入れて熱したら、お肉の両面にいい感じの焼き色をつけてください。焼き色がついたら、粗熱を取ってお肉を落ち着かせます。そのあと、ラップで包んだら600Wのレンジで3分10秒加熱します。そこから余熱でグーッと火を通すの。

**山本**　おいしそう!!　ちょっと焼き色をつけるだけで香ばしくなるし、レンジで生焼けもふせげるし、いいとこどりですね。

**リュウジ**　レンチンしました。ラップごとアルミホイルに包んじゃってください。

**山本**　こんなやり方、はじめて知った！

**リュウジ**　そして、アルミホイルで包んだお肉をミトンに入れます。ミトンって熱が伝わらないから、逆に言うと熱が逃げないんですよ。すごく保温性に優れてるの。

**山本**　天才か！

**リュウジ**　これはね、俺のズボラが編み出した技。ミトンはキッチンにあるから、わざわざタオルを取りに行く手間が省けるでしょ。じゃあ、お肉を保温している間にソースを作りましょう。フライパンに油が残っていて肉のうまみも出てるから、そのまま玉ねぎを炒めましょう。油が足りなかったら少し足して。

**山本**　ソースはフライパンで作るっていう、レンジとフライパンの合わせ技がいい！

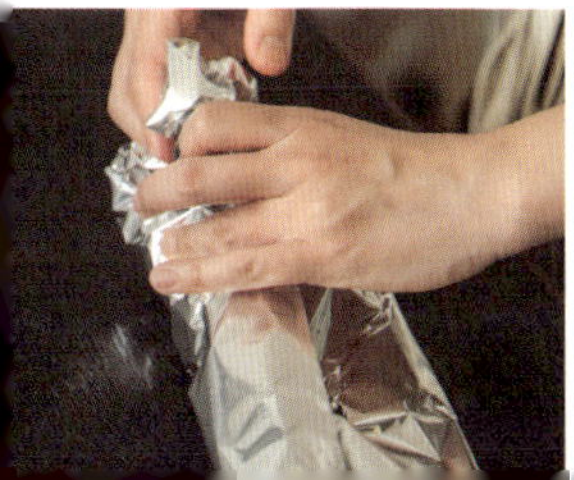

**リュウジ** レンジだけでもできなくはないんだけど、やっぱり油で炒めたいな。肉のうま味をたっぷり玉ねぎに吸わせたいから。日本酒はね、料理酒じゃなくて清酒で。150㏄も使うとなると、料理酒だと塩分が多いから。で、日本酒のアルコールが飛んだらコンソメを入れてください。

　煮詰めてる間に、室温に戻したバターと薄力粉を混ぜてブールマニエを作ります。薄力粉はそのままフライパンに入れるとダマになるけど、先にバターと混ぜることで、ダマになるのを防げる。

**山本** いい感じにとろみがつきましたね。

**リュウジ** じゃあ、ぼちぼち火を止めましょうか。そろそろ、ミトンの中の肉がいい感じになってるはずだから取り出してもらって。まだ熱いから気をつけて。肉汁がめっちゃ出てると思うので、全部フライパンのソースに足してください。

**山本** レンジでやるとお肉がキューッてなっちゃうけど、これは完璧な焼き加減。

**リュウジ** ソースは、肉汁を加えたから少しだけ煮詰めましょう。自然ととろみがつく感じになっているはず。少しの小麦粉がソースに力を持たせてくれるんですよ。仕上げにこしょうを入れたら、お肉にソースをかけて完成です！

## レシピを思いついても、すでにゆりさんが作ってる

**山本** わ、お肉がお箸で切れる！　うわ、めっちゃおいしいですね。「おしゃれな味

がするんかな〜」と思って食べたら、かなりがっつりした味。みんな好きな味だわ。

**リュウジ** 俺はそこを目指してるから。このレシピは、ゆりさんから学んだレンジ技術と、僕が洋食で学んだ焼きの技術のハイブリッドなんですよ。だからゆりさんに食べてもらいたかった。

**山本** 恐縮です！　リュウジさんのすごいところは、発言や行動の根底に「料理人口を広めたい」という信念があるところ。1本筋が通っているから、多少過激なこととか言っても納得がいくんですよ。

**リュウジ** ありがとう。僕、実はゆりさんが新作レシピを出すたびにめっちゃ見てるんですよ。いつもレシピ作っていて、「最高においしいやつできたわ」と思って検索したら、すでにゆりさんが作ってるの。

**山本** 私も、調べたらだいたいリュウジさんが作ってる（笑）。あと「〇〇入れたらうまくなるに決まってるだろ！」ってよく言われるじゃないですか。以前、それに対してリュウジさんが「うまいに決まってるならそれで良くないですか」って返してたことに感動しました。ほんまやなって。

**リュウジ** 僕はおいしいものを作りたいから料理をするのであって、別に複雑な工程を踏みたいから料理をするわけじゃない。家庭料理はおいしければそれでいいんだよ。

**山本** 料理って2種類あるじゃないですか。趣味の料理と、生活の料理。リュウジさんはどっちもできるからすごいなと思う！

山本ゆりのレシピポイント

## ザクザク塩レモンチキン

- 鶏もも肉を一口大に切ったら**フォークで穴を開ける**ことで、味が染み込みやすくなって、下味をつける時間を短縮できる。
- 片栗粉と小麦粉を両方使うが、**先に小麦粉を入れてお肉にもったりとまとわせる**のがコツ！
- 油がハネるときは、**鶏肉の上にペーパータオルをかぶせる**。ただし、このとき絶対にペーパータオルがフライパンの外に出ないよう気を付けること。
- ソースは、はちみつがなかったら**お砂糖でもOK**！お砂糖の場合は、はちみつよりやや多めに。

リュウジのレシピポイント

## 革命ローストポーク

- お肉に焼き色を付けてレンチンしたら、**ラップごとアルミホイルに包む**。そして、アルミホイルで包んだお肉を**ミトンに入れる**。
- **肉を焼いた後のフライパンの油をそのまま使い**、ソースを作る。
- お酒は、料理酒だと塩分が多いため清酒にする。
- 最後に出た肉汁は、**全てソースに足す**。

# あとがき

とっておきのレシピを持ち寄り、交換する。たったこれだけで、僕やゲストの皆さんの料理への想いがすごくわかるものになりました。この連載をきっかけにお会いできた料理研究家の方もいましたし、料理への考え方が共通している仲間と呼べる方々とも出会うことができました。

料理というのは奥深いもので、YouTubeやレシピ本などで発信をしていても、「すべての人においしい料理を作ってもらいたい！」という僕の野望に終わりはありません。もっともっと多くの人に、広めていきたい。本気でそう思っています。

これがきっかけになって、あなたが明日からもっと楽しく料理を作れるようになってくれたら本望です。

リュウジ

## 編集協力

**trade ①**

ゲスト／**有賀 薫**

取材・文／ネッシーあやこ

撮影／洲脇理恵（MAXPHOTO）

**trade ②**

ゲスト／**はらぺこグリズリー**

取材・文／ネッシーあやこ

撮影／洲脇理恵（MAXPHOTO）

**trade ③**

ゲスト／**印度カリー子**

取材・文／ネッシーあやこ

撮影／洲脇理恵（MAXPHOTO）

**trade ④**

ゲスト／**伊地知 潔**

取材・文／ネッシーあやこ

撮影／猪原 悠

**trade ⑤**

ゲスト／**きじまりゅうた**

取材・文／ネッシーあやこ

撮影／猪原 悠

Food／Smile meal

**trade ⑥**

ゲスト／**大西哲也**

取材・文／ネッシーあやこ

撮影／猪原 悠

Food／Smile meal

**trade ⑦**

ゲスト／**鳥羽周作**

取材・文／ネッシーあやこ

撮影／村上未知

Food／Smile meal

**trade ⑧**

ゲスト／**今井真実**

取材・文／ネッシーあやこ

撮影／村上未知

Food／Smile meal

## 編集協力

trade ⑬
ゲスト／休日課長
取材・文／吉玉サキ
撮影／猪原 悠
Food／Smile meal

trade ⑭
ゲスト／双松桃子
取材・文／吉玉サキ
撮影／村上未知
Food／河松祐茉（Smile meal）

trade ⑮
ゲスト／金澤ダイスケ
取材・文／吉玉サキ
撮影／村上未知

trade ⑯
ゲスト／山本ゆり
取材・文／吉玉サキ
撮影／村上未知

trade ⑨
ゲスト／稲田俊輔
取材・文／ネッシーあやこ
撮影／猪原 悠
Food／Smile meal

trade ⑩
ゲスト／こがけん
取材・文／ネッシーあやこ
撮影／猪原 悠
Food／松井あゆこ（Smile meal）

trade ⑪
ゲスト／樋口直哉
取材・文／吉玉サキ
撮影／村上未知
Food／Smile meal

trade ⑫
ゲスト／はるあん
取材・文／吉玉サキ
撮影／村上未知
Food／Smile meal

著者プロフィール

# リュウジ

料理研究家。1986年、千葉市生まれ。TwitterやYouTubeで日々更新する料理動画やレシピが、「簡単に爆速で美味しく作れる」と大人気。YouTubeチャンネル「料理研究家リュウジのバズレシピ」の登録者数は500万人、SNSを含めた総フォロワー数は1030万人を超える。2020年、『ひと口で人間をダメにするウマさ！　リュウジ式悪魔のレシピ』（ライツ社）で「第７回料理レシピ本大賞」を受賞。22年には、定番料理100品のレシピを集めた『リュウジ式至高のレシピ』（ライツ社）で「第９回料理レシピ本大賞」を受賞し、２度目の栄誉に輝く。「料理のお兄さん」として自炊の楽しさを広めようと、多方面で活躍している。

YouTube　X　Instagram

HP　Tik Tok

---

# アイスム

アイスム編集部／中辻梓・虫明麻衣・白石舞・杉本舞桜

2020年３月に“「食」を楽しみ、笑顔を届けるメディア”としてリニューアルオープンして以来、「がんばる日も、がんばらない日も、あなたらしく。」をコンセプトに、さまざまな「食」に関するオリジナル企画を多数展開している。コウケンテツさん、有賀薫さん、リュウジさん、長谷川あかりさんなどメディアで活躍する料理研究家の方々によるレシピ、人気声優を起用した音声レシピ、著名人のインタビューや対談など、日々のおうちごはんを楽しむためのヒントが盛りだくさん。

Webサイト　公式LINE

X　Instagram

# リュウジの
# レシピトレード

2024年12月1日　第一刷発行

著者　リュウジ
発行者　小柳学
発行所　株式会社左右社
〒151-0051
東京都渋谷区千駄ヶ谷3-55-12-B1
TEL 03-5786-6030　FAX 03-5786-6032
https://www.sayusha.com
ブックデザイン　細山田デザイン事務所
印刷　株式会社シナノパブリッシングプレス


ISBN978-4-86528-437-9